ÉTHOS ISME

Manifeste de l'Abolitionniste de l'auto-asservissement

L'Économie islamique

~~COMMUNISME~~

~~CAPITALISME~~

~~SOCIALISME~~

Jo M. Sekimonyo

Contenu

Cogito, ergo dubito, ergo sum ! (Je pense ; donc, je doute, donc je suis !)

Feuille de route

"Une carte n'est pas le territoire qu'elle représente, mais, si elle est correcte, elle a une structure similaire à celle du territoire, ce qui explique son utilité."

- Alfred Habdank Skarbek Korzybski

Né le 3 juillet 1879 à Varsovie, en Pologne

Décès : 1er mars 1950, Lakeville, Salisbury, CT

Lettre de divorce

Shin Chae-ho

Né le 7 novembre 1880 à Chungcheong, Sannaeri, Grand Empire coréen

Décès : 21 février 1936, Port Arthur, Empire du Japon

Citation : "La voie révolutionnaire commence par la destruction, ouvrant ainsi de nouvelles voies au progrès. Cependant, la révolution ne s'arrête pas à la destruction. Il n'y a pas de destruction sans construction ; pas de construction sans destruction... Dans l'esprit du révolutionnaire, ces deux éléments sont indissociablement liés : destruction, ergo construction."

Je n'aimerais pas

Franz Uri Boas

Né le 9 juillet 1858 à Minden, en Allemagne

Décédé le 21 décembre 1942 au Columbia University Club of New York, New York, NY.

Citation : "La passion de la recherche de la vérité pour la vérité ne peut être maintenue en vie que si nous continuons à chercher la vérité pour la vérité."

Qu'est-ce que l'amour ?

Anton Wilhelm Amo

Né en 1703 à Axim, Ghana

Décès : 1759, Ghana

Citation : "[...] c'est la particularité de l'esprit humain de comprendre et d'agir par les idées, car il est très lié au corps."

Constantin Noica

Né le 12 juillet 1909 à Vitănești

Décédé le 4 décembre 1987 à Sibiu, en Roumanie.

Citation : "Eu sunt negustor de ideia."

Jacques Derrida

Né le 15 juillet 1930 à El Biar, en Algérie

Décédé le 9 octobre 2004 à Paris, France.

Citation : "Certains lecteurs m'en ont voulu lorsqu'ils ne pouvaient plus reconnaître leur territoire, leur institution."

Funmilayo Ransome-Kuti

Né le 25 octobre 1900 à Abeokuta, au Nigeria

Décédé le 13 avril 1978 à Lagos, au Nigeria.

Citation : "Quant aux accusations portées contre moi, je ne m'en soucie pas. Je suis au-delà de leur timide moralité mensongère, et donc je suis au-delà de toute préoccupation."

Les bons vieux jours

Qiu Jin

Lieu et date de naissance : 8 novembre 1875, comté de Shanyin, Shuozhou, Chine

Décédé le 15 juillet 1907 dans le comté de Shanyin, Shuozhou, en Chine.

Citation : "Pluie d'automne, vent d'automne, ils nous font mourir de chagrin."

Cheikh Ahmadou Bamba (Khādimu 'r-Rasūl)

Né en 1853 au Sénégal

Décès : 19 juillet 1927, Diourbel, Sénégal

Citation : "J'ai reçu l'ordre de mon Seigneur de guider le peuple vers Dieu, le Très Haut. Ceux qui veulent emprunter ce chemin n'ont qu'à me suivre."

Max Simon Nordau

Né le 29 juillet 1849 à Pest, en Autriche-Hongrie

Décès : 23 janvier 1923, Paris, France

Citation : "L'histoire est un mélodrame sur le thème du parasitisme, caractérisé par des scènes passionnantes ou ennuyeuses, selon le cas, et par de nombreux coups de théâtre."

José Vasconcelos Calderón

Né : le 28 février 1882 à Oaxaca, Mexique

Décès : 30 juin 1959, Mexico, Mexique

Citation : "La culture engendre le progrès et sans elle, on ne peut exiger des gens aucune conduite morale."

Bête et encore plus bête

Theodor Wiesengrund Adorno

Né le 11 septembre 1903 à Francfort, en Allemagne

Décédé : le 6 août 1969 à Viège (Suisse)

Citation : "La tâche presque insoluble est de ne laisser ni la puissance des autres, ni notre propre impuissance, nous stupéfier."

Mustafa Kemal Atatürk

Né le 19 mai 1881 à Thessalonique, en Grèce

Décès : 10 novembre 1938, Palais de Dolmabahçe, Istanbul, Turquie

Citation : "Écrire l'histoire est aussi important que de faire l'histoire. Si l'écrivain ne reste pas fidèle au faiseur, alors la vérité immuable prend une qualité qui confondra l'humanité."

Negro Tom

Né en 1710 au Bénin

Décès : 1790, États-Unis d'Amérique

Citation : "Non, Massa, il vaut mieux que je n'aie pas appris, car beaucoup d'hommes instruits sont de grands imbéciles."

Rosa Luxemburg

Né le 5 mars 1871 à Zamość, en Pologne du Congrès, dans l'Empire russe

Décès : 15 janvier 1919, Berlin, Allemagne

Citation : "Ce n'est qu'à l'oreille grossière de celui qui est tout à fait indifférent que le chant d'un oiseau semble toujours le même."

Les suspects habituels

Ida Bell Wells-Barnett

Né : le 16 juillet 1862 à Holly Springs, MS

Décès : 25 mars 1931, Chicago, IL

Citation : "Il doit toujours y avoir un remède au mal et à l'injustice, si seulement nous savons comment le trouver."

Saloth Sar

Né le 19 mai 1925 à Prek Sbauv, au Cambodge

Décès : 15 avril 1998, district d'Anlong Veng (Cambodge)

Citation : "Je n'ai pas rejoint le mouvement de résistance pour tuer des gens, pour tuer la nation. Regardez-moi maintenant. Suis-je une personne sauvage ? Ma conscience est claire."

Federico del Sagrado Corazón de Jesús García Lorca

Né le 5 juin 1898 à Fuente Vaqueros, en Espagne

Décès : 18 août 1936, Grenade, Espagne

Citation : "La mort a pondu ses œufs dans la blessure."

Naji Salim Hussain al-Ali

1938, Al-Shajara, Tibériade, Palestine

Décès : 29 août 1987, Londres, Royaume-Uni

Citation : "Les pauvres gens sont ceux qui souffrent, sont condamnés à la prison, et meurent sans verser de larmes."

Phoolan Devi

Né le 10 août 1963 à Jalaun, en Inde

Décès : 25 juillet 2001, New Delhi, Inde

Citation : "J'étais le seul à savoir ce que j'avais souffert. Moi seul savais ce que ça faisait d'être vivant mais mort."

Économétrucage

Gargi Vachaknavi

Né au 7e siècle avant J.-C., en Inde

Mort : 7e siècle avant J.-C., Inde

Citation : "La couche qui se trouve au-dessus du ciel et au-dessous de la terre, qui est décrite comme étant située entre la terre et le ciel et qui est indiquée comme le symbole du passé, du présent et du futur, où se trouve-t-elle ?".

Adolf Franz Karl Viktor Maria Loos

Né le 10 décembre 1870 à Brno, en République tchèque

Décès : 23 août 1933, Kalksburg. Autriche

Citation : "Le partisan de l'ornementation croit que l'envie de simplicité équivaut à l'abnégation."

Frantz Omar Fanon

Né le 20 juillet 1925 à Fort-de-France, en Martinique

Décédé le 6 décembre 1961 à Bethesda, MD, États-Unis.

Citation : "Tout peut être expliqué au peuple, à la seule condition que vous vouliez vraiment qu'il comprenne."

Zera Yacob

Né en 1599 à Aksum, en Éthiopie

Décès : 1602, Enfraz, Éthiopie

Citation : "Si un menteur, qui désire obtenir des richesses ou des honneurs parmi les hommes, a besoin d'employer des moyens immondes pour les obtenir, il dira qu'il est convaincu que ce mensonge était pour lui une chose juste. Pour les personnes qui ne veulent pas chercher, cette action semble être vraie, et elles croient à la foi solide du menteur."

Natsume Sōseki

Né le 9 février 1867 à Ushigome, Tokyo, Japon

Décès : 9 décembre 1916, Tokyo, Japon

Citation : "C'est une honte que l'éducation ne donne aux gens que les moyens de hacher la logique."

Phrases inachevées

Olympe de Gouges

Né le 7 mai 1748 à Montauban, France

Décès : 3 novembre 1793, Place de la Concorde, Paris, France

Citation : "Vous devez craindre le désespoir des pauvres et leurs révoltes ultérieures. Ce sont toujours les riches qui sont attaqués par leurs mains meurtrières, et souvent, dans leur fureur, ils ne font aucune distinction entre les bons et les mauvais."

John Kenneth Galbraith

Né le 15 octobre 1908 à Iona Station, Ontario, Canada

Décédé le 29 avril 2006 à Cambridge, Massachusetts, États-Unis.

Citation : "Sous le capitalisme, l'homme exploite l'homme. Sous le communisme, c'est tout le contraire."

Ong Boon Hua

Né le 21 octobre 1924 à Sitiawan, Perak, États malais fédérés, Malaisie britannique

Décédé le : 16 septembre 2013 à Bangkok (Thaïlande)

Citation : "Je ne pense pas que, que vous croyiez au capitalisme, ou que vous croyiez au communisme ou au socialisme, je pense que personne ne peut contester [qu'il est juste] de se battre pour une société juste et égale."

Hin-mah-too-yah-lat-kekt, Hinmatóowyalahtqĭt

Né le 3 mars 1840 à Wallowa Valley, Oregon, États-Unis

Décès : 21 septembre 1904, Réserve indienne de Colville, Washington, États-Unis

Citation : "Je suis fatigué des discussions qui ne mènent à rien. J'ai mal au cœur quand je me rappelle toutes les bonnes paroles et toutes les promesses non tenues. Il y a eu trop de discussions par des hommes qui n'avaient pas le droit de parler."

Richard Nathaniel Wright

Née le 4 septembre 1908 à Plantation, Roxie, Mississippi, États-Unis.

Décès : 28 novembre 1960, Paris, France

Citation : "Décide-toi, Escargot ! Tu es à moitié dans ta maison, et à moitié dehors."

Magda Szabó

Né le 5 octobre 1917 à Debrecen, en Hongrie

Décès : 19 novembre 2007, Kerepes, Hongrie

Citation : "L'écriture n'est pas un maître d'œuvre facile. Les phrases laissées inachevées ne continuent jamais aussi bien qu'elles avaient commencé. De nouvelles idées font plier l'arc principal du texte, et il ne tient plus jamais parfaitement debout."

Matsuo Chūemon Munefusa

Né en 1644, près de Ueno, dans la province d'Iga, au Japon

Décédé le 28 novembre 1694 à Osaka, préfecture d'Osaka, Japon.

Citation : "Ne cherchez pas à suivre les traces des sages. Cherchez ce qu'ils ont cherché."

Pénitence

Cho Ki-chon

Né le 6 novembre 1913 à Ael'tugeu, district de Vladivostok, Russie

Décès : 31 juillet 1951, Pyongyang, Corée du Nord

Poème : Aujourd'hui, tu as encore souri purement,

Et dit que vous avez triplé le plan de production,

Mais je n'envie pas votre réussite,

Je peux faire encore mieux,

Mais j'aime votre sourire.

Pourquoi est-elle si pure ?

Histoire d'amour tragique

Patrice Emery Lumumba

Né le 2 juillet 1925 à Katakokombe, République démocratique du Congo

Décédé le 17 janvier 1961 à Lubumbashi, en République démocratique du Congo.

Citation : "Les aspirations des peuples colonisés et asservis sont partout les mêmes ; leur sort aussi est le même."

George Washington Carver

Date de naissance : 1860s, Diamond, MO, US

Décès : 5 janvier 1943, Tuskegee, AL, US

Citation : "Pourquoi quelque chose qui a construit l'humanité à travers le commerce et les échanges détruit maintenant l'humanité ?"

Jean-Paul Marat

Né : le 24 mai 1743 à Boudry, en Suisse

Décès : 13 juillet 1793, Paris, France

Citation : "Il semble que le sort inévitable de l'homme soit de ne jamais atteindre la liberté complète : les princes tendent partout au despotisme et le peuple à la servitude."

Ali ibn Abi Talib

Né : le 17 mars 599 après J.-C. à La Mecque, en Arabie Saoudite

Mort : le 29 janvier 661 après J.-C., Grande Mosquée de Kufa, Kufa, Iraq

Citation : "Un pauvre est comme un étranger dans son propre pays."

Andrés de Jesús María y José Bello López

Né : le 29 novembre 1781 à Caracas, Venezuela

Décès : 15 octobre 1865, Santiago du Chili

Citation : "Par la corruption du langage, beaucoup d'autres corruptions commencent..."

Erich Kurt Mühsam

Né le 6 avril 1878 à Berlin, en Allemagne

Décès : 10 juillet 1934, camp de concentration d'Oranienburg, Oranienburg, Allemagne

Citation : "Le système salarial n'est pas modifié le moins du monde par le transfert du capitalisme privé au capitalisme d'État, et pourtant le système salarial est la marque de l'exploitation."

George Ivanovich Gurdjieff

Lieu et date de naissance : 13 janvier 1866, Gyumri, Arménie

Décès : 29 octobre 1949, Neuilly-sur-Seine, France

Citation : "Si vous voulez perdre votre foi, devenez ami avec un prêtre."

Lao She

Né le 3 février 1899 à Pékin, en Chine

Décédé le 24 août 1966 à Pékin, en Chine.

Citation : "Et donc le résultat de plusieurs années de partage des responsabilités, autre que le massacre des gens, est que tout le monde reste debout et se regarde dans le vide."

L'échographie du XXIe siècle

Aleksandr Ivanovich Herzen

Né le 6 avril 1812 à Moscou, en Russie

Décès : 21 janvier 1870, Paris, France

Citation : "Le développement humain est une forme d'injustice chronologique, puisque les retardataires peuvent profiter du labeur de leurs prédécesseurs sans en payer le même prix."

Ibn Battuta

Né le 24 février 1304 à Tanger, au Maroc

Décédé en 1377 à Marrakech, au Maroc.

Citation : "Qui vit voit, mais qui voyage voit davantage."

Herbert Alexander Simon

Né le 15 juin 1916 à Milwaukee, WI

Décès : 09 février 2001, Pittsburgh, PA

Citation : " Toute personne conçoit qui élabore des lignes d'action visant à transformer des situations existantes en situations préférées. "

Filiberto Ojeda Ríos

Né le 26 avril 1933 à Naguabo, Porto Rico

Décès : 23 septembre 2005, Hormigueros (Porto Rico)

Citation : "Ils accusent le peuple alors que c'est le système qui est à blâmer."

Dambudzo Marechera

Né le 4 juin 1952 à Rusape, au Zimbabwe

Décédé le 18 août 1987 à Harare, au Zimbabwe.

Citation : "Le vieil homme est mort sous les roues du vingtième siècle. Il ne restait que des taches, des taches de sang et des fragments de chair..... Et la même chose arrive à ma génération."

Kozo Uno

Né le 12 novembre 1897 à Kurashiki, préfecture d'Okayama, Japon

Décédé le 12 novembre 1897 à Kurashiki, préfecture d'Okayama, Japon.

Citation : "La marchandise apparaît à l'origine en devenant la propriété d'une certaine personne."

José Julián Martí Pérez

Né : le 28 janvier 1853 à La Havane, Cuba

Décès : 19 mai 1895, Cuba

Citation : "Nous vivons aujourd'hui la notion d'influenceur et d'influencé."

Edward Bellamy

Né : le 26 mars 1850 à Chicopee, MA

Décès : 22 mai 1898, Chicopee, MA

Citation : "Looking Backward a été écrit dans la conviction que l'âge d'or se trouve devant nous et non derrière nous."

Nova Harmonia

Mohammad Abdus Salam

Né le 29 janvier 1926 à Punjab, au Pakistan

Décédé le 21 novembre 1996 à Oxford (Royaume-Uni) Citation : "Depuis des temps immémoriaux, l'homme a souhaité appréhender la complexité de la nature en fonction d'un nombre aussi réduit que possible de concepts élémentaires."

Alinéa

Joseph Auguste Anténor Firmin

Né : le 18 octobre 1850 à Cap-Haïtien, Haïti

Décès : 19 septembre 1911, Saint Thomas, Îles Vierges américaines

Citation : "Tous les hommes sont doués des mêmes qualités et des mêmes défauts, sans distinction de couleur ou de forme anatomique. Les races sont égales."

Lu Xun

Né le 25 septembre 1881 à Shaoxing, en Chine

Décès : 19 octobre 1936, Shanghai, Chine

Citation : "L'espoir est comme un chemin dans la campagne. À l'origine, il n'y a rien - mais à mesure que les gens marchent sur ce chemin, encore et encore, un chemin apparaît."

Boris Leonidovich Pasternak

Né le 10 février 1890 à Moscou, en Russie

Décédé le 30 mai 1960 au musée de la maison de Boris Pasternak, à Peredelkino, en Russie.

Citation : "Quand un grand moment frappe à la porte de votre vie, il n'est souvent pas plus fort que les battements de votre cœur, et il est très facile de le manquer."

Fumiko Kaneko

Né le   25 janvier   1903 à Yokohama, Kanagawa, Japon

Décédé le   23 juillet   1926   à   Utsunomiya, Tochigi, Japon.

Citation : "Vivre n'est pas synonyme de simple mouvement. C'est se mouvoir selon sa volonté... on pourrait dire qu'avec les actes, on commence à vivre réellement. En conséquence, quand on se déplace par sa propre volonté et que cela conduit à la destruction de son corps, ce n'est pas une négation de la vie. C'est une affirmation."

Robert Beck

Né : le 4 août 1918 à Chicago, IL, US

Décédé le 28 avril 1992 à Culver City, CA, États-Unis.

Citation : "Une dette émotionnelle est difficile à régler."

Arthur Schopenhauer

Né le 22 février 1788 à Gdańsk, Pologne

Décès : 21 septembre 1860, Francfort, Allemagne

Citation : "Les alchimistes, dans leur recherche de l'or, ont découvert beaucoup d'autres choses de plus grande valeur."

Gaston Bachelard

Né le 27 juin 1884 à Bar-sur-Aube, France

Décès : 16 octobre 1962, Paris, France

Citation : "Il n'y a pas de vérité originelle, seulement une erreur originelle."

Tabula Rasa

Simón José Antonio de la Santísima Trinidad de Bolívar y Palacios

Né : le 24 juillet 1783 à Caracas, Venezuela

Décès : 17 décembre 1830, Santa Marta, Colombie

Citation : "Pour bien faire quelque chose, il faut le faire deux fois. La première fois instruit la seconde."

Pyotr Alexeevich Kropotkin

Lieu et date de naissance : 9 décembre 1842, Moscou, Russie

Décès : 8 février 1921, Dmitrov, Russie

Citation : "La compétition est la loi de la jungle, mais la coopération est la loi de la civilisation."

Abu Hamid Al-Ghazali

Né en 1058 à Tous, en Iran

Décès : 19 décembre 1111, Tous, Iran

Citation : "Jamais je n'ai eu affaire à quelque chose de plus difficile que ma propre âme, qui tantôt m'aide, tantôt s'oppose à moi."

Alfred Russel Wallace

Lieu et date de naissance : 8 janvier 1823, Royaume-Uni de Grande-Bretagne et d'Irlande

Décès : 7 novembre 1913, Broadstone, Dorset, Royaume-Uni

Citation : "La vérité ne naît dans ce monde qu'avec des douleurs et des tribulations, et toute vérité nouvelle est reçue à contrecœur."

Henri Marie Coandă

Né le 7 juin 1886 à Bucarest, en Roumanie

Décédé le 25 novembre 1972 à Bucarest, en Roumanie.

Citation : "A mon avis, nous devrions chercher une machine volante complètement différente, basée sur d'autres principes de vol."

Gertrude Elizabeth Margaret Anscombe FBA

Né le 18 mars 1919 à Limerick, en Irlande

Décédé le : 5 janvier 2001 à Cambridge (Royaume-Uni)

Citation : "Un objet intentionnel est donné par un mot ou une phrase qui donne une description sous laquelle."

Sojourner Truth

Né : Rifton, NY

Décès : 26 novembre 1883, Battle Creek, MI

Citation : "Alors je parlerai aux cendres."

Diamant taille parfaite

Piero Sraffa

Né le 5 août 1898 à Turin, en Italie

Décédé le : 3 septembre 1983 à Cambridge (Royaume-Uni)

Citation : "En théorie économique, les conclusions sont parfois moins intéressantes que les voies par lesquelles on y parvient."

Jean-Michel Basquiat

Né : le 22 décembre 1960 à Brooklyn, New York, NY

Décès : 12 août 1988, Great Jones Street, New York, NY

Citation : "Je commence une image et je la termine."

Le spectre du profit

Sarah Moore Grimké

Né : le 26 novembre 1792 à Charleston, SC

Décès : 23 décembre 1873, Hyde Park, Boston, MA

Citation : "Je ne demande aucune faveur pour mon sexe. Je ne renonce pas à notre droit à l'égalité. Tout ce que je demande à nos frères, c'est qu'ils enlèvent leurs pieds de notre cou et qu'ils nous permettent de nous tenir debout sur le terrain que Dieu nous a destiné à occuper."

Lettre de divorce

"La voie révolutionnaire commence par la destruction, ouvrant ainsi de nouvelles voies au progrès. Cependant, la révolution ne s'arrête pas à la destruction. Il ne peut y avoir de destruction sans construction ; pas de construction sans destruction.... Dans l'esprit du révolutionnaire, ces deux éléments sont indissociablement liés : destruction, ergo construction."
- Shin Chae-ho

Je suis si nerveuse pendant que j'écris cette lettre. La nature inconsciente de l'auto-illusion peut embrouiller nos rêves à notre propre péril. Je ne sais pas ou ne comprends pas pourquoi tu es devenu une partie de mon identité ou pourquoi les méchants et les saints de ma famille t'adorent. Quand tu étais adolescent, je faisais semblant d'apprécier tes abus physiques et tes insultes. Parfois, notre lien était la meilleure chose qui me soit jamais arrivée. Je me suis rendu compte que mes pensées et mes sentiments n'étaient pas le reflet exact de la réalité.

Dernièrement, tout semble mauvais. Revivre nos souvenirs est devenu quelque chose de douloureux. Karl Marx, le clochard ivrogne et raciste qui pissait dans notre rue, m'a mis en garde contre toi, mais c'était trop tôt, trop tard. Il est évident que tu ne te soucies que de toi-même. Même après d'innombrables séances de thérapie avec John Kenneth Galbraith et Rudolf Alfred Meidner, vous ne parvenez pas à comprendre pourquoi vous traitez les gens, pour lesquels vous prétendez n'avoir que de l'affection, comme vous le faites. Deux siècles plus tard, j'éclate encore en sanglots tous les soirs, j'ai encore trop peur de lâcher prise et de me retrouver seul, mais j'ai appris à mes dépens à ne pas avoir de sentiments permanents pour des émotions temporaires.

Pendant les dernières débâcles du commerce mondial, j'ai réalisé que vous ne mûrirez jamais. Vous ne vous arrêterez jamais. Je ne peux pas rester dans une relation où il n'y a ni admiration ni considération mutuelle ; j'ai décidé de me donner la possibilité de vivre. Je n'ai peut-être pas la bonne clé pour ouvrir une nouvelle porte, mais les clés sont inutiles lorsqu'il s'agit d'ouvrir des rêves.

Ce n'est pas facile de te dire ça, j'ai récemment commencé à passer du temps avec quelqu'un du travail. Parce que tu fais toujours partie de ma vie, je me sens anxieuse, en colère ou effrayée lorsque je suis avec un nouveau compagnon, mais il n'est pas juste que je prétende que notre relation va fonctionner. Il y a quelque chose entre toi et moi que je ne peux plus prétendre ne pas exister : la répugnance. Mon départ est la meilleure chose pour toutes les personnes impliquées.

Laisser sortir toutes les ordures stockées dans mon cerveau a été un exercice cathartique. Je sais au fond de mon cœur que je te détesterai toujours. Je me souviendrai toujours de notre temps ensemble comme le pire moment de ma vie.

S'il te plaît, ne m'appelle pas. Ne m'envoie pas de SMS. Ne murmure même pas mon nom.

Va en enfer,

Humain sain d'esprit

Note à moi-même : penser à poster cette lettre demain.

Préface

Toute discussion sur l'ethos, dont le mot éthique fait partie intégrante du même arbre, doit inclure la notion de moralité. Dans un contexte politico-économique, il y a une moralité absolue au comportement de toutes les économies dans chaque société.

Les sociétés se sont développées à partir de villages isolés, qui se sont eux-mêmes développés à partir de clans et de tribus isolés, qui se sont eux-mêmes développés à partir de groupements familiaux. Aucun membre d'une famille ne restait longtemps membre de ce groupe familial s'il volait ses enfants, ses frères et sœurs, ses parents ou un autre membre du groupe familial. Au mieux, il était chassé ou lapidé à mort.

Dans toute société primitive, le vol était presque au-dessus de tout autre crime, à l'exception du meurtre, le péché suprême de la société. Aujourd'hui, les riches bénéficient d'une version édulcorée de ces remèdes extrêmes à ces crimes. Ils coûtent généralement à la société à plus d'un titre, et volent donc non seulement un ou plusieurs individus, mais aussi la société dans son ensemble, pour maintenir leur style de vie somptueux. Les pauvres sont enfermés pour une durée déterminée et le coût pour la société est bien plus élevé, dans la plupart des cas, que le montant qu'ils ont volé.

Toutes les sociétés sont fondées sur un ensemble particulier de conceptions communes, de règles de droit auxquelles les adhérents souscrivent. Nous jonglons avec les variations de mots tels que socialisme, communisme, capitalisme, marxisme, marchés libres, démocratie et même libertarisme, dans le but de nous rendre heureux. Soyons clairs : aucun être humain ne devrait être avantagé ou désavantagé dans la protection de ses droits sociaux, de sa liberté de commerce et d'échange, et de ses libertés politiques. En latin, cela peut se dire en un mot : Aequitas, qui signifie équité, justice, uniformité, fair-play et impartialité. Nous dirions, en français, égalité.

Je ne voudrais pas

"La passion de la recherche de la vérité pour la vérité ne peut être maintenue en vie que si nous continuons à chercher la vérité pour la vérité."
- Franz Uri Boas

Un sage grec aurait été projeté dans le poème effrayant d'Evgueni Evtouchenko, je voudrais, un mépris pittoresque de notre droit, par ma précédente Missio Dei. Evgueni aspirait à être quelqu'un d'autre que lui-même : Publius Terentius Afer et Jean Maximilien Lamarque, en même temps. Son travail présentait un mélange de douleur et de joie traditionnelle qui brisait les limites du jugement pratique.

Qui est Jo M. Sekimonyo ? Des racines congolaises, fermentées aux États-Unis, mises en bouteille dans le monde entier, un démarchage du plaisir et de l'agonie, et un mambi (non-conformiste) idéologique ; un machetero délibérément confronté aux circonstances coryphéniques de l'existence.

"J'écris ce que j'aime", disait Steve Biko. J'écris ce que je déteste profondément. D'une certaine manière, nous dénonçons tous deux la même merde : les injustices socio-économiques écrasantes. Mes articles de longue haleine pourraient un jour s'entrecroiser avec les nombreuses pétitions d'autres mutins pour former des ruisseaux et des lacs d'insurrection. Je déverse ma véracité et ma discordance non pas pour enchanter un public, mais pour convoquer la probité contemporaine, et pour ajouter ma voix aux foules claudiquantes qui dénoncent les constructions modernes de l'économie sociale et politique. Je ne me penche plus sur la littérature contemporaine comme je le faisais quand j'étais innocent. Je ne me soucie plus de l'écho ou de la récitation des espoirs ou des cauchemars passés et présents. Désormais, c'est en vivant que j'affine continuellement mes acuités. Oui, c'est un affreux régime cérébral ; cependant, il est pertinent de discerner la plausibilité avec certitude.

Je m'abstiens froidement d'être tout le monde. J'ai compris depuis longtemps que le prix de la conscience est un grand appétit pour l'inconscient. Je m'enorgueillis d'avoir une peau à la dureté de rhinocéros qui me préserve des lambeaux habituels. Je suis farouchement opiniâtre et allergique aux arguments mal ficelés, et je suis souvent en désaccord avec l'ordre social et les divinités qui m'entourent. Tel un poltergeist, je me délecte à faire des ravages dans l'étroitesse d'esprit psychologique et cérébrale comme dans toute autre forme de fanatisme ou de sophisme. Je grince des dents devant les querelles de clocher entre Marcus Mosiah Garvey, Jr. et William Edward Burghardt Du Bois ; pourtant, je ne trahirais aucun d'entre eux pour mettre 300 dollars dans ma poche.

Diagnostic

Dormir, c'est narguer la mort.

Chapitre I

Qu'est-ce que l'amour ?

"[...] c'est la particularité de l'esprit humain de comprendre et d'agir par les idées, car il est très lié au corps."
- Anton Wilhelm Amo

Dans un esprit de transparence, je dois avouer mon aberration la plus sombre. Un jour, j'ai payé (pas été payé) en rubis pour travailler comme apprenti sur un vaisseau pirate rouillé. Le contrat n'a pas duré longtemps ; mon manque de soumission n'était pas adapté au voyage. Alors que l'équipage me poursuivait avec un nœud coulant, j'ai sauté du navire et traversé les profondeurs à la nage. J'ai appris plus tard le sort de ces tyros appâtés qui ont été laissés derrière. Le bateau naviguait vers une île minuscule et obscure où ces flagorneurs étaient scolairement battus et sodomisés jusqu'à ce qu'ils deviennent des zombies idéologiques. Puis, avant le lever du soleil, ils étaient immolés au sanctuaire des dicux sacrés de l'île : Karl Marx, Alfred Marshall, Friedrich Hayek, et John Maynard Keynes ; et pour les nègres, Sir William Arthur Lewis. Cet horrible prosélytisme transforme incontestablement un Mu'mina sympathique en un oppresseur méchant ou en un prédateur vicieux, culminant ainsi l'enfer cyclique.

Par chance, une fois sur la terre ferme, ma santé mentale et ma véracité ne m'ont pas facilité la vie. J'ai été traqué comme une sorcière par des foules de sophistes et d'anarchistes. Ils ont cherché à me castrer puis à me brûler sur une croix pour mon plaidoyer public en faveur de l'élimination du capitalisme et mon inimitié pour le socialisme et le communisme. J'en suis venu à penser que même les personnes dont les croyances diffèrent des points de vue économiques orthodoxes stricts et des manigances économiques islamiques trouveront ma voix extrêmement radicale, mais une hérésie ?

Parfois, ils m'assommaient avec des projectiles de fortune remplis de conneries. J'aurais été en train de composer des sonnets à Mehdi Ben Barka avec un stylo silencieux en ce moment si je n'avais pas réussi à reprendre conscience et si j'avais été attrapé. Au lieu de cela, j'ajoute ma voix aux clameurs des foules qui s'opposent aux constructions modernes de l'économie sociale et politique.

Malheureusement, mes enchevêtrements frustrants élèvent mon raisonnement à des décibels qui affolent la conscience. Il m'est pénible d'admettre que mon sermon contre les liens sociaux, commerciaux et politiques dominants hérités des usines, des invasions et des travestissements du XVIIIe siècle passe pour un son étrange au lieu d'une sirène d'alarme.

Les idéaux se sont avérés être le seul moyen d'exister. Sans prendre un stylo et les écrire, vous cessez d'exister. Il est donc si rafraîchissant de voir que quelqu'un apprécie le rythme de ma composition et peut distinguer un signal du bruit. J'exprime ma gratitude avec joie et humilité aux un pour cent qui a décrypté ma colère et donné un sens à mes divagations aux 99 pour cent qui traînent. Vous avez ajouté vos voix aux miennes, et soudain les gens s'en rendent compte !

"Eu sunt degustar de ideia." (Je suis le marchand d'idées.)
- Constantin Noica

Si vous avez suivi les précédentes montagnes russes dans mon livre *L'enfer c'est lui*, mon appel à mettre fin aux axiomes sociaux archaïques qui nous définissent, vous avez été exposé à l'affreux chahut qui se passe dans ma tête. Quels que soient mes efforts, je ne peux tout simplement pas me résoudre à accepter l'intolérance ou les préjugés dans la vie. Je suis tout à fait favorable à la peine de mort lorsqu'il s'agit de punir les imbéciles et les hypocrites qui brandissent leur badge de shérif intellectuel pour aider et encourager le génocide socio-économique. Leur présence fait vibrer mes doigts et mes orteils d'ire. Je me sens obligé de les étouffer ou de les éloigner par jet émotionnel.

Qu'y a-t-il à apprendre de ma première croisade littéraire ? Le communisme était une expérience de proportions Frankensteiniennes. Il a été rejeté lorsque l'importance de l'être humain a intégré la notion de rationnel.

Un nombre minuscule d'enfants riches cyniques et d'anciens mécènes de la guerre froide n'ont pas encore accepté l'évidence des péchés inhérents au communisme. Étourdies par l'étendue et la profondeur de la distorsion temporelle sociale et politique du XXIe siècle, ces coalitions pathétiques mettent en accusation l'agenda néolibéral obsessionnel qui pollue la politique transnationale et les jaillissements du tiers monde. Elles donnent inaudiblement raison à l'élite cubaine et vietnamienne désabusée. Avec la même candeur qui leur retourne l'estomac, elles discréditent le régime sociopathe de la Corée du Nord et ses camps pénitentiaires sadiques de taille gigantesque.

Sur la même pyramide de la bêtise, j'énumère les caricatures socialistes qui citeraient la France comme exemple de réussite. La façade socialiste de cette nation aveugle persiste avec l'aide de la propriété commune et des abus des nations occidentales sur leurs "anciennes" colonies. En outre, les politiques anti-immigrés de la France confirment que son socialisme n'est qu'une parodie. En ce qui concerne l'actuelle crise sociale au Moyen-Orient, je me réserve le droit de démystifier l'économie islamique pour des raisons que vous, le lecteur, finirez par démêler.

Que dire du reste du monde, qui est terrifié par les cris qui creusent le scepticisme à l'égard du commerce de premier ordre et des artifices commerciaux modernes et qui élargissent la possibilité d'une nouvelle route ? Nager à contre-courant est un voyage solitaire.

Alors, laissez-moi le dire clairement : la canonisation du capitalisme est sans mérite. Le système victorien qui a fait de l'humiliation une routine quotidienne pour le commun des mortels fait maintenant basculer le globe au bord de l'effondrement. Pourtant, aucun esprit sain ou créature crédible ne s'est manifesté pour réclamer son éviction de nos courants de conscience.

Les schémas des économistes sont truffés d'axiomes dépassés qui se font passer pour du bon sens et qui ne devraient susciter qu'une seule réponse : le rejet. Il est déplorable que la plupart de leurs concepts bancals soient basés sur l'observation de créatures qui n'existent que dans les fantasmes des économistes, et pourtant, ils continuent à être incontestés. Leurs décisions sont utilisées pour lancer des politiques précaires qui dévastent la perspective d'une existence digne pour des milliards de personnes sur cette planète mourante.

Grattez la surface des eunuques intellectuels belliqueux et de l'esprit unique de la mascarade des mutins, et vous comprendrez par vous-même que leurs traités ne sont qu'un exercice pour peindre les disparités omniprésentes entre les classes sociales dans de beaux graphiques et des schémas alambiqués. La plupart des airs économiques à la mode ne sont rien d'autre que du battage pour le servage chic (ou devrais-je utiliser la terminologie appropriée, ici : l'autonomisation de l'auto-esclave).

Hélas, le public a confondu ces morceaux philosophiques d'aérobic académique avec des condamnations des injustices sociales, commerciales et politiques mondiales. En conséquence, chaque âme a absurdement foi dans le capitalisme et croit naïvement qu'il ou elle est à un petit pas du côté gagnant de l'injustice socio-économique globale.

Une bonne implantation de "meilleures conditions commerciales" ou de "durabilité" ajoute à un slogan dynamique un certain je ne sais quoi qui étouffe les débats rancuniers sur l'injustice socio-politico-économique et me gonfle pendant au moins deux secondes. Soudain, de sombres réalités se glissent dans la scène et ruinent mon optimisme par un découragement croissant. Je ne peux m'empêcher d'être dégoûté chaque fois que le public se galvanise avec fureur et tonnerre derrière des ultimatums d'ajustement structurel insignifiants (par exemple, des heures de travail standard ou un salaire minimum).

L'inégalité socio-économique est un thème ambigu qui exaspère les mouvements radicaux visant à changer la boussole morale de l'humanité. Deux éléments très distincts de l'inégalité - la disparité et l'injustice - sont regroupés sous un seul et même chapeau. Une disparité socio-économique est une imperfection inhérente à toute société et nécessite des changements structurels pour l'équilibrer. L'injustice, quelle qu'elle soit, est une construction sociale délibérément discriminatoire qui exige un repentir social et une réparation pour se débarrasser du mal.

Pour mettre ces deux conversations, disparité et injustice, dans une analogie tranchée : la disparité de classe est à l'injustice socio-politico-économique ce que les droits civils sont à l'abomination de l'esclavage. L'absence d'une ligne morale claire dans le sable entre les conditions sociales sous-jacentes et l'inhumanité systématique brouille l'essence réelle des examens d'économie politique qui sont devenus une condition préalable à la pondération des droits civils.

"Certains lecteurs m'en voulaient quand ils ne pouvaient plus reconnaître leur territoire, leur institution".
- Jacques Derrida

Lorsque vous écrivez un livre destiné à être digéré lentement, et non un gadget ou un argumentaire de vente, vous devez assumer vos imperfections et accepter l'insolence. On a suggéré un jour qu'aucun esprit sain ne voudrait toucher à ma philippique cinglante. Un pêcheur qui m'a soufflé à l'oreille que seul un pour cent de la rivière lui est utile a endurci mon impénitence.

S'il vous arrive d'être l'un des lecteurs furieux (et une créature passionnément paresseuse, pour couronner le tout) qui se demande ce qu'est l'éthosisme, eh bien, je suis certain qu'à la fin de ce livre, vous ne serez pas en mesure de faire la leçon à une salle pleine de capitalistes agnostiques ou de rediriger les agneaux marxistes restants loin de la falaise de la promesse. Il vous faudra plus d'un tour lent sur ces montagnes russes.

Si vous vous attendez à lire l'Arthashastra du vingt-et-unième siècle, eh bien, vous allez avoir une déception monumentale. Je ne me suis jamais senti particulièrement prétentieux ; je suis contraint par la paresse des bibliophiles de souligner le fait que mon antidote à l'uniformité socio-politico-économique mondiale actuelle s'écarte des slogans hautement toxiques des coquettes de l'économie politique. Ce livre repose sur la certitude que nous devenons aveugles à la couleur, au genre, à la forme, à la taille et à la classe lorsque nous avons un motif pour réduire en cendres les conventions sordides de notre communauté mondiale.

Une œuvre d'art est un coup d'essai pour susciter des sentiments chez les gens. Elle peut être remplie de personnages qui suscitent des émotions différentes lorsqu'on les observe à différentes distances. Contrairement à toute autre forme d'expression, l'essayiste donne aux lecteurs le plein droit et la pleine responsabilité d'ajouter à une phrase élaborée une voix, un décor et un rythme cardiaque qu'ils jugent les mieux adaptés. Un initiateur de vibrations est à jamais pris en otage dans le cerveau d'inconnus et de camarades qui, indiscrètement, poignardent ou tentent de défigurer la seule chose qui reste à un écrivain : une pensée.

Je me mets à nu devant la vanité, l'agonie et le plaisir qui existent dans différentes parties du globe. Ensuite, je séquestre mon esprit pour déchiffrer la sensation. Bien que je n'aie pas la dextérité numérique pour jouer habilement d'un instrument, mes mots sont ma musique. Je compose la partition ; c'est à vous de faire preuve de bravoure et d'audace pour saisir l'instrument de votre choix et donner une sérénade au reste du monde.

Pour un peintre, le compliment ultime est une larme. En tant qu'écrivain hostile, mon rôle est de dégoûter les lecteurs des constructions et contrats sociaux contemporains. Je ne vais pas falsifier ma mélancolie avec la lamentation de Nina Simone, "S'il vous plaît, ne me laissez pas être incomprise". Je ne permettrai pas aux mécènes et aux traducteurs de me chasser et de m'écraser comme Léon Trotsky, comme un rat. Toute tentative de percer ma conscience et de libérer Alfred Willi ou Rudi Dutschke sera vaine. Je plaide pour qu'on m'arrache 33 lambeaux de chair de ma poitrine, puis qu'on me shekkeh en allant vers l'ouest et en traversant le Styx pour embrasser l'âme de M'Balia Camara.

Ce livre contient deux vagues successives de pensées. Parfois, j'encapsule des années d'intrusion dans une seule phrase, tandis qu'à d'autres moments, une seconde de conscience donne naissance à une multitude de pages. Mais attention : je ne reposerai en paix que lorsque mon cerveau aura servi de festin à cinq enfants de la tribu Korowai, âgés de cinq ans, assis sur des piles de statuettes Carolyn Bryant Donham et Truganini, fixant le portrait de Giangiacomo Feltrinelli tandis qu'un comédien danois aveugle leur chante la sérénade "Con Te Partiro". Cinq jours plus tard, les cendres de ma dépouille et les restes du banquet devraient être crachés aux alentours de Cateura, au Paraguay.

"Quant aux accusations portées contre moi, je ne m'en soucie pas. Je suis au-delà de leur timide moralité mensongère, et donc je suis au-delà de toute préoccupation."
- Funmilayo Ransome-Kuti

Ici, vous vous êtes courageusement embarqué dans un voyage qui défie la mort dans mon intuition. Ce livre est en partie une dédicace à Anton Wilhelm Amo, victime de la bigoterie du monde universitaire et de sa propre homosexualité scolaire, qui lui ont fait payer le prix ultime : la privation de pertinence. En ce moment, je prends un grand plaisir à faire rouler Isaac Newton dans sa tombe en vous faisant lire le nom d'un philosophe ingénieux, Robert Hooke. En faisant cela, vous sauvez mon intégrité.

Pour vous remercier de votre acceptation ou de votre curiosité, je vais cogner diaboliquement sur vos murs épais et désenchantés jusqu'à ce que vous soyez réveillé et prêt à m'aider à chasser les démons téméraires qui résident dans chaque mortel ordinaire ; pour élever Caïn.

J'aurais pu facilement opter pour une voie plus douce dans ce voyage en récitant avec charme les théories rocailleuses qui encadrent les principales idéologies sociales et politiques actuelles. Mais je refuse de m'abstenir d'abuser de mon droit de conscience. Abandonner l'un de mes traits exaspérants et diffuser mon identité n'est pas insupportable, c'est impensable. En tant que dissident sans vergogne, je vis avec l'envie de finir la phrase des protagonistes courageux ou de ruiner le contentement des conformistes.

Le conseil que je vous donne, ainsi qu'à tous ceux qui ont une poignée de neurones réagissant aux stimuli empathiques et qui ont été mordus par un serpent avec des signes de dollars au bout de sa queue, est le suivant : Ne courez pas comme un poulet à qui on a coupé la tête. Continuez à lire ce livre tortueux : c'est un émétique pour débarrasser votre conscience des mensonges. Pour le bien de l'humanité, chacun devrait être mortifié de mourir sans avoir remporté une victoire sur les absurdités envahissantes.

Cette expérience littéraire alimentée par l'ayahuasca inondera vos nerfs de l'apparition de Thomas Clarkson. Ce n'est pas en vain que l'on tente de prendre une bouchée des positions remaniées du capitalisme, du communisme ou du socialisme et de la cracher dans un feu ardent. Il n'y a pas de meilleur moment que le vingt-et-unième siècle pour déplacer le terrain de la dispute sur l'inégalité mondiale en faisant un zoom sur l'injustice socio-économique.

Qu'est-ce que vous et moi pouvons réaliser de façon positive ? Combattre le cynisme. L'urgence et la persistance sont essentielles. Nous sommes bien équipés pour éradiquer la débauche de distribution des richesses et ouvrir la voie à une alternative à l'exonération des injustices par les Victoriens. Malgré la douleur, rappelez-vous toujours que personne ne vient de nulle part. Il y a une histoire derrière chaque personne. Il en va de même pour les idées : aucune ne vient de nulle part. Toute réponse est précédée d'une question - ou, du moins, devrait l'être. Le courage est indubitablement la plus glorifiée de toutes les vertus, tandis que pour une créature comme moi, l'encouragement est le plus excitant de tous les vices. Il n'y a rien de tel dans la vie que de prêter attention.

Chapitre II

Le bon vieux temps

"Pluie d'automne, vent d'automne, ils font mourir de chagrin."
- Qiu Jin

À toutes les époques et dans toutes les régions du monde, nous entendons ces jérémiades lugubres : "La vie était plus simple et plus belle en ce temps-là". Pour que les nostalgiques puissent apprécier avec joie les fonctions géométriques utilisées pour évaluer l'homme, l'oiseau et la bête, il faut que les récits du passé enrichissent les moments actuels du développement de l'humanité. Mais les récits de l'Antiquité sont des expressions d'esprits brillants sur des sujets du moment le plus profond, pleins d'incompréhensions véhémentes. L'apparat oratoire peut être piégé dans les oreilles des historiens et noté sur un mur avec une injection de manque. Pour les institutions religieuses et les monarques, l'impression en masse, le traitement critique des témoignages et les moyens de repérer les faux sont les péchés originels de l'espèce humaine.

J'ai lancé les dés de l'histoire onze fois, et la nature a branché l'humour, mère nature a posé un genou à terre, et l'Europe est apparue sans interruption, face visible, à chaque fois. Cela pourrait être le résultat d'une interférence cosmique dans mon processus de pensée, ou le chaudron de la colère refoulée qui déborde. Le panorama des chroniques humaines fait de l'Europe un point de départ flagrant pour exposer les préjugés centristes. Les Européens ont embelli le folklore, et les folklores sont aujourd'hui enviés et vénérés par le monde entier.

Il fut un temps où les bizarreries de cette grande étendue de terre située entre l'Asie et l'océan Atlantique étaient à la fois sauvages et loufoques. Des sujets vivants étaient démembrés pour étudier les fonctions du corps humain. On croyait que les mauvaises odeurs pouvaient causer la chlamydia. Les charlatans gagnaient l'opulence et les faveurs en prétendant avoir une compréhension tacite et une maîtrise des phénomènes surnaturels. Les hommes européens maîtrisent les formules magiques pour induire des pensées lubriques chez leurs futures compagnes. Un homme enlevait, souillait et molestait celle qu'il pensait être la lumière de sa vie jusqu'à ce qu'elle donne foi à son fantasme et accepte de devenir la sienne. C'était le moyen conventionnel de nouer le nœud. On pensait que les précédents compagnons d'une mère transmettaient leurs caractéristiques à ses enfants par d'autres moyens que l'insémination. Les *Ignoramus* étaient des créatures immaculées. La voyance par les déformations faciales était considérée comme une science exacte. L'inhumanité était un geste magnanime et un superlatif. Les citoyens accusaient les migrants d'apporter les maladies et le crime. Le spectacle public consistant à arracher un être humain membre par membre était un délice aigre-doux.

En toute justice, la période où l'ascendant d'un empire ou d'une civilisation est à son apogée, ses mœurs sombrent au plus bas point de dégradation, est une coïncidence habituelle. Chaque civilisation a sa propre décadence morale. Les mariées mésopotamiennes devaient avoir des relations sexuelles avec des inconnus avant que leurs maris ne touchent aux biens. Il n'y avait aucune exception à l'iniquité que les Égyptiens, les Aztèques et les Zhou pratiquaient sur les pauvres et les vaincus. Dans le Zhong Guo, des recettes de torture odieuses étaient célébrées, et "tuer les poulets pour choquer le singe" était une tactique courante. Les Perses allaient jusqu'à castrer les fils de leurs ennemis, tandis que les Iroquois effaçaient purement et simplement la Confédération des neutres de l'existence. Chaque célébration publique du triomphe d'une bataille féroce incluait archétypalement le viol en masse des épouses et des filles des vaincus. Les Māori avaient une approche différente : ils mettaient en cage les femmes et les enfants conquis sur la plage pour qu'ils meurent dans de grandes souffrances, et mangeaient les hommes.

Peu de turpitudes morales ont transcendé avec le même prétexte et la même perversité que le plus ancien arrangement social et la plus ancienne division asymétrique du travail, l'esclavage. Dans une large mesure, l'esclavage a été tissé dans la trame de la richesse des empires comme de la psychose des sociétés. Les humains ont capturé les autres pour toutes les raisons déplorables que l'on peut imaginer :

extravagances atroces, travail forcé ou marchandises. Les Vikings sillonnaient les côtes anglaises à la recherche de proies faciles. Le royaume d'Oyo a perfectionné l'assaut de la cavalerie pour capturer des esclaves rapidement et bien. Partout sous le soleil, les enfants d'esclaves ne devaient devenir que des esclaves. La plupart du temps, les esclaves étaient des domestiques. Cependant, les communautés n'ont pas aiguisé les compétences des humains chasseurs uniquement pour leur faciliter la vie. Certaines personnes enlevées connaissaient une fin brutale pour satisfaire des dieux assoiffés de sang.

Diaboliquement, chaque nation a démontré une conscience de l'investissement ricochant sur la productivité et augmentant l'emploi. Confucius s'est battu avec véhémence pour préserver l'institution de l'esclavage en Chine, qui était en train de disparaître.

L'esclavage n'était pas basé sur la nuance de couleur, jusqu'à tard dans le jeu. Des méchants africains comme le roi Diogo ont déboulonné l'esprit de l'africanisation des traites d'esclaves. Le sultanat d'Oman a joué un rôle essentiel pour noircir ce sinistre commerce. Leurs actes ont finalement conduit à l'extinction de la notion d'humanité des Noirs. L'appétit et la passion des conquistadores pour la traite des esclaves étaient une bête d'un autre genre. Pour ne pas être trop succinct et pour améliorer la compréhension, je dirai que de nombreux sages espagnols se sont opposés à l'utilisation de la terminologie trompeuse de commerce. Néanmoins, ils n'éprouvaient aucun scrupule lorsque les Européens achetaient des Africains mis en cage et vendus par d'autres Africains, ou un enfant colporté par ses parents.

La variation pure et simple de la folie dans l'histoire indique l'universalité de l'épidémie de crétinerie et de sa propagation. Dans tous les coins du monde, les intimidateurs et les sociopathes étaient vivement admirés. Lorsqu'elles avaient la possibilité de décider qui devait dicter l'ordre social, les sociétés anciennes choisissaient invariablement des psychopathes absolus. L'attrait du masochisme faisait des créatures les plus impitoyables des dirigeants, des sages et des prophètes. Mettre en doute la conscience des philosophes éclairés ou souligner le provincialisme de leurs œuvres littéraires n'est pas dénué d'intérêt. La bonté et le remords comme attributs premiers d'un potentat ne faisaient pas partie d'un dialogue sérieux.

Il n'y avait aucune différence dans les normes d'inhumanité à travers le monde. Les essayistes relataient les événements auxquels ils avaient pris part en brodant la vérité et les coïncidences. Les oppresseurs et les opprimés considéraient l'absence de classes comme un idéal social absurde. Si un pays possédait plus d'or qu'un autre, il était inévitablement mieux loti, ou se faisait battre et son or saccagé par un empire tyrannique. La meilleure voie vers la prospérité nationale consistait à accumuler des esclaves et des lingots d'or et d'argent. Sous cet angle, tous nos ancêtres apparaissent comme étant carrément cupides et sadiques.

"J'ai reçu l'ordre de mon Seigneur de guider le peuple vers Dieu, le Très-Haut. Ceux qui veulent emprunter ce chemin n'ont qu'à me suivre."
- Cheikh Ahmadou Bamba

Anicius Manlius Severinus Boëthius s'est demandé : "S'il y a un Dieu, d'où viennent tant de maux ? S'il n'y a pas de Dieu, d'où vient le bien ?" Si l'or est la racine de tous les maux, est-il le prétexte idéal pour un droit impécunieux à commettre de mauvaises actions ? Le théisme devrait être contraint de fonder ses valeurs sacrées sur un grand fondement rationnel plus que sur toute autre chose. Le discours moralisateur des poltrons sur le fait de devenir brusquement omniscient. Leur logique d'asservissement vital des communautés à une créature omnipotente était embourbée dans l'imbécillité dès son origine. Les mortels ne savaient pas que la prudence n'était pas un sujet de compétence alambiqué qui exigeait d'être exposé dans la subtilité des choses. Des empires belliqueux et des groupes brutaux ont écrasé et réduit en esclavage des communautés accusées d'être moralement dégénérées. Cette vision était plus qu'une croyance, c'était un mandat du ciel. Si vous commettez des atrocités pour gagner une bataille, alors Dieu doit être de votre côté, et il voulait qu'il en soit ainsi : une logique de vainqueur parfaite.

Les sermons conduits en mots et en images enflammés par la neige fondue enchantaient tous ceux qui les entendaient. La vie enflammée du moment et les discours extemporanés prononcés lors d'un déluge ou d'une catastrophe anormale étaient repris par des prêtres et des charlatans utilisant le même ton dramatique, pour hypnotiser les meutes naïves. La puissance de la voix du malheur résidait dans les mots de la chimie du bien et du mal. Les points de départ des théologies typiques marquaient de nouvelles lignes de front divines et remaniaient la caractérisation des saints et des fous. Au sein d'une parcelle religieuse, la pureté idéologique était à tout moment au centre de son effort. On disait à la masse où devait se trouver la loyauté sage ; les ordres sacrés allaient au-delà de la rebaptisation des partis en lice. Vous étiez dénoncé comme athée si vous exprimiez une réserve sur la crédibilité des anciennes écritures. Il était impossible d'échapper aux dogmes religieux séniles qui conduisaient à magnifier les mérites des divinités.

Des raisons plausibles justifiaient la puissante influence de la théologie sur l'ingéniosité dialectique. La science de la médecine serait inutile parmi les personnes exemptes de maladie. La religion, comme une satire, se nourrissait en gonflant les défauts et les malheurs naturels de la société. Les longues périodes de prospérité constituaient son tourbillon. Lorsque la société était en plein bouleversement, elle brillait d'une splendeur suprême. Le désespoir d'échapper au temps et à l'espace réels, la menace de la fureur apocalyptique et la peur du paranormal ambigu étouffaient l'esprit autochtone. Dans un Shangri-La exempt de crimes, d'agitations et de perturbations, il y avait encore des prophètes et des divinités. Le théisme englobait le domaine de l'espace et l'horizon du savoir.

Le développement des villes et l'expansion du commerce ont perturbé le séduisant paganisme. Les verdicts sur la mécanique non physique de l'existence des humains affirment la primauté de leur interprétation idiosyncrasique d'un ou de plusieurs Créateurs, et des signaux paranormaux. Il n'y avait aucune modération dans la raison d'être de la religion et les proclamations grotesques. Les mots étaient blâmables en tant que moyen de transmettre les bains de sang mandatés par Dieu. L'engagement en faveur de l'explication insensée et cynique des allusions des dieux exigeait une auto-tromperie pure et simple ou un manque d'humour. La moquerie de leurs guides farfelus, ou la dissidence, n'étaient pas tolérées. Les cartels spirituels hypnotisaient les paysans à volonté et remplaçaient les dirigeants obstinés par des laquais acquiesçants au sang bleu.

La théologie a saturé l'atmosphère de l'ancien temps. L'humanité acceptait les contrefaçons et les légendes avec une foi enfantine. La recherche de la causalité naturelle était impertinente. La critique stérile des ouvrages historiques avait le même amateurisme que les pratiques médicales. Les factions religieuses ont parfois adopté des positions anodines, favorables à une vision équilibrée des questions controversées. Pour la plupart, leur impératif théologique était que seuls ceux qui atteignaient le degré de pureté stipulé seraient épargnés des tourments de l'au-delà. Une revendication tout aussi démesurée de "Dieu est de mon côté" aidait et encourageait les brutes à rationaliser l'avilissement de leurs ennemis par la décapitation, l'éviscération, l'incinération et d'autres méthodes inhumaines créatives. Comme tout segment dominant de l'ancien mode de vie, les institutions religieuses dépendaient de la violence et de la coercition pour leur existence.

"L'histoire est un mélodrame sur le thème du parasitisme, caractérisé par des scènes passionnantes ou ennuyeuses, selon le cas, et par de nombreux coups de théâtre."
- Max Simon Nordau

Un portrait, ou un piège de chant védique, c'est une posture, une voix, des gesticulations qui peuvent être perdues à jamais si l'expression de l'intention n'est pas bien soignée. La pression de l'apathie des hominidés éclipse l'anxiété cohérente. En nous réveillant avec une bouche pleine de petits doigts, nous nous inquiétons plus de notre disparition que de la douleur que nous infligeons. Une science qui ne peut pas remplir sa fonction appropriée mérite bien d'être considérée comme une pseudo-science. La vérité désagréable est l'absence d'une épreuve décisive spécifique aux réponses et ripostes sociales et politiques qui exacerbent le monde. L'appétit de l'humanité pour l'agonie des autres et l'acte pur et simple d'altruisme est aussi vieux que la vie elle-même.

Les savants faibles trouvaient leur bonheur dans leurs routines et leurs thèmes cérébraux orthodoxes. Les premiers idéalistes cherchaient à effacer un principe d'imperfection qu'on pensait être la nature humaine. L'étude audacieuse stimulait le caractère et la fortune des nations, et visait à faire dérailler l'acédie. Les traités de Barthélemy de Laffemas exhortant les Français prospères à prendre soin des pauvres ont survécu aux dures censures et dénonciations. À la même époque, les dimensions philosophiques des idées de réforme sociale et politique sont également recherchées, ailleurs. Les condamnations audacieuses de Shaihu Usman dan Fodio concernant les traitements infligés aux paysans par des souverains abominables ont modifié un sous-continent. En convoquant la conscience des riches ou en tuant les despotes, ils ont fait basculer les âmes naïves dans les grandes fables.

Les conflits entre et dans les métiers sont aussi vieux que la vie. Alors que le monde entier changeait au XVIIIe siècle, la bagarre entre les zélateurs de l'industrie et les aficionados de l'agriculture portait sur la discrimination positive et l'engagement philosophique des puissants souverains européens. Au milieu de la bataille philosophique qui faisait rage, les sentiments moraux d'exorcisme de l'injustice étaient ni plus ni moins négligés. Tant que la doctrine de la science n'était pas énoncée, aucun verdict équitable n'était possible. Pour Adam Smith, l'économie politique est un dispositif permettant aux hommes politiques de s'occuper du public ou d'aider les individus à s'enrichir. Stuart Mill y ajouta plus tard la proposition. La vérité crue a ébranlé les congrégations occidentales de l'époque. Leurs œuvres restent un réservoir inépuisable de connaissances.

Les enfants imitent leurs frères et sœurs aînés. Qu'est-ce qui a bien pu pousser les jeunes pousses de l'économie politique, les économistes, à agir comme si leurs prédécesseurs étaient désorientés par leur conscience extrasensorielle de leur époque et de leur milieu ? Rien n'arrive d'un coup ; ce qui semblait naturel et excitant a progressivement piégé les créatures avares. L'économie politique a commencé à connaître une explosion de scepticisme. Ils ont rompu les rangs de l'armée permanente de sympathisants naïfs qui applaudissaient les efforts des autres canons et écoles de réflexion pour légiférer contre la régression politique et éthique, malgré le prix élevé de leur entr'acte et de leur esprit de clocher. Les nouveaux venus qui résistaient à la compassion dans leur bricolage philosophique étaient, pour les argentiers, un acte de bravoure. Un argument de poids est que cette pure trahison a prolongé le désespoir des pauvres.

Pour la première vague d'économistes, la quête de notoriété et de respect ne consistait pas en une simple éloquence polie. Ils étaient plus enthousiastes qu'obligés de défigurer les plaidoyers galants des économistes politiques et l'élan humaniste pour s'enrôler dans les croisades des voyous. L'attrait du passage au côté analytique sauvage était le désir d'épouser l'authenticité de ce que Thomas Carlyle et John Ruskin ont décrié comme une science lugubre ; ou, comme ils le disent sans ambages, une science gaie. Le battage ou l'illusion de la rareté était la monnaie dont abusaient les philosophes véreux de l'économie politique. On croyait que les êtres talentueux étaient rares ; par conséquent, les humains ne pouvaient pas être égaux. La vérité était aussi simple que cela. Pour le bien de l'humanité, les hommes exceptionnels et résistants (le petit nombre) devaient régner en permanence sur la masse immature et pathétique. Des équipes de sages affirmaient sans ambages que le souk ne devait pas synchroniser la cadence de ce que valaient les marchandises, en ergotant. Cela devrait être la responsabilité des capitaines d'industrie. Cynique et dégradante en public, l'idée était stigmatisée comme fausse. Mais en privé, c'est une autre histoire. Même s'ils ne recevaient pas d'accolades ou de bonnes critiques pour avoir pulvérisé des déchets humains sur une toile, ils obtenaient d'étranges adhérents.

Le retrait total de la conscience a réduit la valeur des hominidés à des stocks de muscles et de bouches. L'économie, ou ce qui était une sous-culture du commerce et des échanges, s'est épanouie aux dépens de l'économie politique en rejetant la pertinence de l'âme humaine. Dès lors, en économie, la célébration de l'*éjaculatio praecox* cérébrale devint la mode du jour. Les manuscrits des premiers siècles ancrés dans les traditions orales n'étaient guère fiables.

D'autres sociétés ont-elles à un moment donné scruté les caprices des humains tout en échangeant leurs besoins et leurs désirs ? Les déficits des communautés en matière de transcription ou de survie des textes sont tenus par d'autres comme des preuves de leur incapacité à raisonner. Le streaming vient de l'hémisphère occidental, fabriquant des rugissements et exigeant des nouveaux venus la loyauté envers le non-figuratif pour s'emparer des phénomènes déclenchés par la complexité des actions sociales remplies d'art nouveau, d'économie et de salauds sans cœur. Les économistes étaient plus enthousiastes dans leurs principes abominables que les économistes politiques dans leurs désirs vertueux. Quand les lumpen-intellectuels regardaient le passé avec leurs lentilles grises, ils affirmaient voir la main douce et invisible d'Adam Smith, qui s'agitait. Cela aurait très bien pu être le majeur de Barthélemy de Laffemas.

"La culture engendre le progrès et sans elle, on ne peut exiger des gens aucune conduite morale."
- José Vasconcelos Calderón

Évaluer si le monde d'aujourd'hui est absurde ou plus loufoque qu'il ne l'a été, n'est pas une tâche facile. La tristesse des péchés mortels accable continuellement les âmes ordinaires. La vérité toute simple est que si l'on est curieux du passé, le meilleur endroit pour commencer est de regarder l'histoire. Les collectionneurs appliquent rarement ce test critique à leur matériel. Les traditions doivent être vandalisées. Les lunatiques du monde antique doivent devenir plus brillants à chaque disquisition, à mesure que les facteurs contribuant à l'essor et à la chute des civilisations se manifestent. Étant donné la nature dialogique de l'histoire humaine, l'intertextualité est justifiée pour porter un jugement sur l'ancien temps. La constance du dégoût, de la colère, de la frustration, de la haine, de l'ambivalence et de l'apathie dans les relations de l'humanité avec le passé a donné lieu à des tromperies grandeur nature, contournant les faits et la contingence du contexte. Cette convention fait apparaître le passé plus beau et plus joyeux. L'impulsion d'embellir les anciennes façons de faire a été ininterrompue dans la mode. À un moment donné, en avançant dans l'histoire, nous pouvons nous rendre compte que nous abritons des idéologies qui nous retournent l'estomac en refusant de défier notre nostalgie. Oui, Casanova était un violeur !

Nous avons assisté à une avancée audacieuse vers l'interprétation philosophique de la vie dc l'humanité. Il y a dynamisme et complémentarité entre le passé et le présent, plutôt que de vagues coïncidences. Affiner l'appréciation du passé permet d'entendre d'autres tonalités. Si la grande pauvreté, les maladies pandémiques, les guerres, l'ignorance et l'exploitation spirituelle sont les principaux paramètres de mesure du progrès humain, en avons-nous fait ? Qu'y a-t-il dans le présent qui ne montre pas une influence perceptible de la religion en nous ? Les bardes et les griots n'ont pas trouvé de place parmi les grands historiens du monde. Les faucons et les fous vicieux restent des modèles. Sommes-nous prêts à prendre du recul et à redresser le mal ?

Les Tuatha Dé Danann ont émergé de la porte de l'enfer, ont enseigné le druidisme irlandais et sont sortis par le même orifice terrestre. Les écervelés ont inondé l'économie sociale et politique de leur insensibilité et se sont transformés en monstres invisibles vivant aujourd'hui dans l'eau de notre robinet. Leurs théories prétendument neuves, comme le monothéisme ou la division du travail, étaient des concepts reconditionnés de longue date, ou les préjugés et les sentiments du public de leur époque. Ces arnaques ont survécu soit parce que le corps humain est enclin à un traitement invisible et automatique, soit parce qu'il n'y avait pas de défense novatrice à la mode pour une construction sociale obscure.

De nos jours, le contexte et la collocation de l'émotion, du temps et de l'espace ont été malmenés dans le monde universitaire. Les méchants économistes politiques ont construit un magnifique pont entre les anciens préjugés et les nouveaux, qui reste l'autoroute des discours et se dresse bien après que tous les autres principes idiots de l'époque soient tombés en ruines. La loi de l'invisible façonne notre optimisme insensé. Le mercantilisme est le souffre-douleur de l'histoire de l'économie. De l'intention des initiateurs ou du préjugé public de l'époque, le caput mortuum est ce que les économistes rusés affichent. Ce n'est pas que l'arôme et les essences dégoûtantes aient disparu, mais nous sommes devenus anosmatiques.

Nous connaissons tous l'histoire de quelqu'un qui n'a pas voulu mentir et qui a été jeté dans la fournaise. L'acte de générosité vient après des horreurs évitables. Les larmes coulent sur les visages pâles en admirant les tyrans morts. Le lien de colonisation entre les opprimés et les oppresseurs n'est rien en comparaison de la symbiose diabolique d'aujourd'hui entre les abus et les abuseurs, en raison de la parité de mélanine entre les victimes et les méchants. Les rares personnes qui aspirent à la liberté dans des pays de merde évoquent la colonisation avec fierté et nostalgie.

Jusqu'au présent millénaire, Zhong Guo est une nation géographiquement désorientée, qui ne sait pas comment passer le cap d'être plus que le pays presque suprême de la planète. Les gens des nations de merde chantent l'air de Mowhee en demandant des visas pour l'Occident afin d'améliorer leurs compatriotes, alors qu'ils veulent simplement vivre dans une société européenne. La classe moyenne se libère alors qu'elle continue à se déhancher sur une cadence raciste, misogyne et xénophobe. Le contrôle par les hommes adultes d'une part trop importante du pouvoir est toujours une vérité évidente. Quelle est la punition des vieux mâles blancs qui détournent le travail de leurs étudiants, victimes de discrimination ? Les prix Nobel.

Au moment de conclure ce chapitre, une triste pensée s'impose à notre esprit : notre soif d'actes maléfiques non périssables est inextinguible. De par sa nature même, la susceptibilité de l'humanité à la compassion acquise par des étirements misérables est écrasée de façon répétitive et brutale. Personne n'ose trahir les articulations ou révéler des rustines, car cela détruirait le charme de l'innocence. Nous n'avons pas commencé à exalter de nouveaux héros pour de nouvelles vertus. La spiritualité insiste sur une adhésion rigide aux détails choquants qui se moquent de la vie. Le public se moque des records macabres des scélérats et s'extasie devant des divinités inconstantes qui ont depuis longtemps jeté l'éponge et sont retournées en enfer. La consolidation des dieux rappelle sûrement une époque où la terre n'était pas méandrée par les humains ; le bon vieux temps.

Chapitre III

Bête et encore plus bête

"La tâche presque insoluble est de ne laisser ni la puissance des autres, ni notre propre impuissance, nous stupéfier."
- Theodor Wiesengrund Adorno

Une ligue lance constamment des assauts contre la dubité constitutionnelle de la vie a marginalisé le principal moteur de la créativité. Les revenants continuent de ruiner la sagesse de l'humanité à son stade embryonnaire renouvelé. Les tentacules de la doctrine de l'idiotie persistante ont le même effet social dévastateur sur toute la planète. Les dogmes cyniques s'étendent toujours à partir de la complaisance de chacun. Les tentatives de faire sombrer la vilenie dans l'oubli ne doivent pas être perçues comme un acte d'héroïsme. Personne ne mérite d'applaudissements pour s'être attaqué au plus vicieux des monstres psychosomatiques. Je ne suis, moi-même, pas innocent.

Il fut un temps dans ma vie où ma tolérance était basée sur un écart type naïf des folies. J'étais juste légèrement discourtois envers les imbéciles qui se congratulent d'avoir démocratisé un bidonville. Je n'étais pas hypersensible aux imbéciles qui jurent qu'ils ne voient ni la race ni le sexe. J'aurais dû utiliser comme punching-ball le visage des idiots dont l'idée d'améliorer le niveau de vie dans les régions ravagées par la guerre consiste à attribuer un cochon à une famille. Mais à l'époque, il était difficile d'imaginer que tous les gènes psychologiques étaient concentrés dans un seul zélateur. Il faut prendre le temps d'écouter les conversations de toute la pyramide socio-économique pour que la dévastation mondiale et la conscience de soi atteignent un niveau extraterrestre.

Osez entrer dans n'importe quel atelier de savoir vénéré, qu'il se trouve au centre Ouest, Est, Nord ou Sud, et vous serez submergé par l'odeur cyanique des conneries dialectiques. Dans ces laboratoires, les futurs tsars de la finance, ainsi que les caïds des organisations internationales, font du prosélytisme autour du concept de bon sens marginal. Leur modèle merdique fondé sur le fardeau de l'homme blanc et la hiérarchie des races raye des équations les despotes paranoïaques et les bouffons gloutons. Ce faisant, l'approche de la fonction dérivée de la justice partielle éclipse l'instabilité psychologique qui freine la croissance commerciale de ces nations pauvres. Des hypothèses pathétiques façonnent l'interprétation des normes sociétales, du commerce et des échanges, et ajoutent la neutralité politique à leur dépravation morale. Il n'y a pas lieu de s'inquiéter de la puanteur de cette charte puérile. La maîtrise inégalée de l'art du préjugé de rembourrage est impeccable.

Il y a une quantité scandaleuse d'énergie gaspillée autour de la rengaine angoissante "l'augmentation des salaires déclenche automatiquement la robotisation des supermarchés et les suppressions d'emplois". De telles affirmations ont prouvé qu'elles étaient immanquablement erronées. La fin de l'esclavage des personnes brunes et sombres, du travail des enfants (en plus des journées de travail plus courtes), et les allocations d'emploi ont démontré que la dignité humaine et les succès de l'exploitation de la classe ouvrière ne sont pas mutuellement exclusifs. Je déteste le salaire minimum plus que les milliardaires arrogants et jugeant. Là où eux et moi demandons l'abolition du salaire minimum, je veux détruire la notion dépassée selon laquelle la vie de ceux qui sont au bas de l'échelle a moins de valeur. Je n'ai pas encore trouvé de solidarité envers ma cause. La notion de salaire minimum a rendu la schizophrénie de la distribution des richesses très fonctionnelle. L'amélioration du travail obtenue sans l'illustration des robots esclavagistes est une hypocrisie ouverte au pire ou une simple incohérence au mieux. Il est impératif que les robots soient asservis et remplacent les muscles et les embarras humains afin de briser les chaînes de l'encombrement du salaire minimum.

Que dire des escapades ineptes des célébrités qui cessent de jouer les héros dans un monde imaginaire pour s'attaquer à une défiance sociale palpable ? Un grand bravo aux corporatismes : ces croisements branchés hypnotisent le public, gonflent les pseudo-excuses horribles "pour le bien de tous", agrémentent les absurdités. L'ovation donnée à ces bouffons ne fait rien d'autre que de briser l'espoir de milliards d'âmes dans le monde obscur et les ghettos sentimentalisés. Ces spectacles insupportables ne réveillent pas le bon sens et la fermeté des nations pauvres et des banlieues. Lorsque tout est perdu, l'humiliation et la misère poussent les gens habituellement sympathiques et les transfuges vers les extrêmes violents : la religion et les armes ! Tout esprit équilibré ne devrait pas s'étonner que l'inégalité serve à alimenter davantage la colère de ceux qui ont subi l'injustice et fournisse un motif pour des antiennes choquantes.

"Écrire l'histoire est aussi important que de faire l'histoire. Si l'écrivain ne reste pas fidèle au faiseur, alors la vérité immuable prend une qualité qui confondra l'humanité."
- Mustafa Kemal Atatürk

J'en ai assez de voir comment, partout dans le monde, nous en venons à faire l'éloge d'Andrew Carnegie, de John Pierpont Morgan père, de John D. Rockefeller et de Cornelius Vanderbilt en tant que grands entrepreneurs. Ces êtres humains méprisables ont été couronnés comme les hommes qui ont mis le monde entier sur la bonne voie. Leur bonne volonté exagérée est devenue le credo des capitaliste-cigares qui rationalisent l'élargissement des portes dorées du mal absolu et la dépénalisation de la cupidité. Les voix qui condamnent leurs tactiques maléfiques sont la cible de l'opprobre. Pour cette insulte, je dois mettre au crédit de mon amnésie contemporaine en ce qui concerne la révolution industrielle. Il n'est pas nécessaire de se procurer une pelle pour déterrer les traces d'inhumanité laissées par leurs transactions et leurs exploits malfaisants. Ils ont consolidé le pouvoir et l'influence suprêmes tout en stockant agressivement des pierres précieuses et en accumulant un prestige inutile.

Partout dans le monde, l'attribut d'un marché libre visant à étrangler les concurrents, leurs cadavres étant laissés derrière pour qu'un chef d'État corrompu les mette en sac et les jette à la poubelle, est néfaste. Ce qu'Andrew Carnegie, J.P. Morgan, John D. Rockefeller et Cornelius Vanderbilt appelaient "mettre de l'ordre dans un système chaotique" n'était rien d'autre que d'arrêter la révolution sociale. Leurs cartels d'affaires pionniers sont en effet des cas de mal inutile et honteux. Pour donner une idée de leur engagement en faveur d'un esclavage rénové et d'une domination mondiale, ces malfaiteurs ont financé un hold-up politique et ont réussi à faire élire leur pion, William McKinley, comme 25e président des États-Unis, qui a ensuite supprimé toutes les réglementations qui se trouvaient sur le chemin de ses bienfaiteurs, pour accumuler encore plus de richesses. Aujourd'hui, ce plan pour amasser le mazuma et accaparer les politiques publiques a été déployé dans le monde entier par ces voyous fortunés et toujours aussi cupides.

Les individus rongés par la culpabilité qui ont fait irruption à la Maison Blanche pour rompre les rangs de l'establishment corrompu ont été une source d'opposition pour les industriels bouillonnants et ont joué un rôle déterminant dans l'insurrection sociale, commerciale et politique du vingtièmc siècle. Les coups portés aux barons voleurs par l'antitrust ont imposé de nouvelles traditions commerciales, ou du moins ont inversé la déshumanisation du cycle de travail. La situation a également ouvert la porte à une nouvelle race de manipulateurs commerciaux moins vicieux, comme Henry Ford. Il existe des preuves irréfutables que le rat pack de la révolution industrielle a fait stagner la distribution des richesses et la justice sociale. Juste après que leur monopole ait été décapité pour la première fois, les Américains blancs ont pu s'offrir des objets qu'ils fabriquaient. La révolution industrielle américaine ne peut être réconciliée avec l'intégrité académique et la doctrine du marché libre, esthétique et sanctionnée par la modernité. Et donc, le capitalisme n'est pas compatible avec la croissance et le développement humain et artistique.

De nos jours, la toile de fond de la guerre de Sécession a été embellie par l'allégorie héroïque des États libres et éclairés du Nord qui ont enfoncé la tradition de l'humanisme dans la gorge des États esclavagistes et brutaux du Sud. C'est un exemple de la tradition commune des marionnettistes des nations puissantes de recréer l'histoire. Même si la vérité a été obscurcie dans les brumes de la partisanerie dépassant les frontières des États-Unis, elle n'est jamais perdue. Pour ceux qui ont encore leur tête, la guerre de Sécession a porté sur deux modes d'exploitation concurrents, l'esclavage attendu dans le Sud et l'esclavage accepté dans le Nord, à propos de l'expansion territoriale américaine jusqu'à la côte Pacifique comme butin de la guerre américano-mexicaine. Les vestiges des coutumes inhumaines et racialistes des États-Unis d'avant la guerre civile sont encore violemment vécus aujourd'hui.

Pour apprécier ma dévotion à l'anti-monopole et pour comprendre ma dévotion à l'anti-privatisation, il est jugé nécessaire de compartimenter ces deux sentiments différents. La corde fine et tordue qui relie l'Arkansas au remake égyptien du printemps arabe, qui a conduit à un échange en plusieurs parties de pharaons des temps modernes, en dit long sur notre interconnectivité sociale. Ce que nous avons aujourd'hui, c'est le fondement moral des lois antitrust qui empêchent la faim d'un argentier maniaque d'engloutir de manière flagrante un secteur entier des besoins ou des désirs des humains. Au lieu de cela, la paranoïa mondiale a été utilisée par les pilleurs internationaux et leurs sponsors pour briser les filets de protection des pays en développement et activer l'étrangerisation de leurs économies nationales.

Si l'un navigue sur la science et l'autre rampe sur la falaise théologique, ils finiront tous deux par être désabusés et insensibles. Ce n'est qu'une question de temps avant que l'on ne soit aspiré par des idioties politiques, scientifiques ou religieuses hautement subventionnées. L'incapacité de l'être humain à supporter la douleur ou à éviter le blâme pourrait nous amener à regarder à travers des lunettes roses, en agonisant sur les événements historiques. Dans ce tableau sombre du monde, comment un esprit non-conformiste peut-il préserver une mesure appropriée de santé mentale et d'intégrité ?

"Non, Massa, il vaut mieux que je n'aie pas appris, car beaucoup d'hommes instruits sont de grands imbéciles."
- Negro Tom

Il n'y a pas de honte à ne pas savoir. Cette vertu est étrangère à l'arrogance. Une dissection chirurgicale académique des classiques béatifiés de Los Pistorelos ne conduit pas un chat effrayé à douter de la sainteté des lumpen-intellectuels. Le temps peut changer la signification contextuelle, mais pas l'intention. Plonger dans l'intention de prétendants extravagants ouvre une boîte de vers irréprochable qui a indubitablement humanisé les divinités célébrées et miné leur héritage. Pendant si longtemps, le monde a été nourri de nombreux mensonges afin d'étayer les constructions sociales. Un large éventail de dénigrements ostentatoires a été accepté comme une vérité. Leur longévité est née de la complaisance dialectique des paysans modernes et du grotesque des grands universitaires.

La philosophie est un isométrique cérébral olympique, qui extrait l'authenticité du panier d'incertitudes. Elle est censée être la poursuite ridicule de notre compréhension, pour le bien de la conscience de soi. Les habitants d'une partie du monde considèrent intuitivement les endroits inconnus comme des repaires de brutes. Pour des prémisses inappropriées qui s'ajoutent à des motivations sournoises, Emmanuel Kant a été couronné comme le plus grand philosophe des temps modernes. J'ai cherché ses conseils pour expliquer l'origine des différentes races humaines, et en particulier des Noirs, car cela allait devenir ma boussole culturelle.

"La croissance des parties spongieuses du corps devait augmenter dans un climat chaud et humide. Cette croissance produisait un nez épais et retroussé et des lèvres épaisses et grasses. La peau devait être grasse, non seulement pour atténuer la transpiration trop abondante, mais aussi pour éviter l'absorption nocive de l'air vicié et humide. La profusion de particules de fer, que l'on trouve par ailleurs dans le sang de tout être humain et qui, dans ce cas, se précipite dans la substance réticulée par l'évaporation de l'acide phosphorique (ce qui explique que tous les Nègres puent), est la cause de la noirceur qui transparaît à travers l'épiderme. [...] En plus de tout cela, la chaleur humide favorise la forte croissance des animaux. En résumé, tous ces facteurs expliquent l'origine du nègre, qui est bien adapté à ce climat : à savoir être fort, charnu et agile. Cependant, parce que sa mère patrie le fournit si amplement, il est aussi paresseux, indolent et flâneur." (____)

Pour l'instant, j'ai besoin de faire une pause. A tous les marsupiaux délégués à l'espèce inférieure sur le totem, permettez-moi de me mettre au niveau de stupidité de Kant en sensationnalisant le contrepunch de Cheikh Anta Diop, la théorie des deux berceaux. Ma description de l'origine de Kracker est la suivante :

"L'amenuisement des parties spongieuses du corps devait être causé par le climat froid et sec. Cette dégénérescence a produit un nez fin, proéminent, pointu comme un bec, et des lèvres minces. La peau devait être sèche et translucide, par mesure de protection due aux mauvaises pratiques d'hygiène, et, dans ce cas, en cas de mouillage, les déchets épais recouvrant l'épiderme se diluent (ce qui explique que tous les Kraker sentent le chien mouillé). En plus de tout cela, le froid sec favorise l'homosexualité. Bref, tous ces facteurs expliquent l'origine du Kraker, qui est bien adapté à ce climat ; à savoir, gangréné, agressif, avec un dégoût de l'existence, du pessimisme, de l'asservissement des femmes et des dépravations morales. Mais comme son environnement aride et froid ne permet pas une subsistance à long terme, il est aussi sadique, esprit de clocher et hystérique. "

Si vous applaudissez ma plus basse réplique, alors vous êtes un Néandertalien. On peut construire des allégations pour expliquer les yeux bridés des Asiatiques de l'Est ou pour généraliser l'haleine désagréable des Arabes. Dans le même esprit que le serment d'Hippocrate, ne pas nuire, l'enquête scientifique devrait s'abstenir de fournir des preuves asines à des stéréotypes offensants. Albert Einstein affirmait que le racisme est une maladie des Blancs. Il ignorait ou n'avait aucune idée des bigoteries des autres races - la notion de pureté ethnique au Japon, ou l'idée que les Noirs russes ne sont pas nécessairement noirs. Les indigènes pauvres de Bolivie cultivent la pitié et le dédain pour les Noirs. Les Africains noirs désapprouvent toute femme qui fréquente des hommes blancs. Un autre fantôme surestimé et surcité, David Hume (dont je suppose qu'il n'était pas au courant de l'existence de l'université Sankoré, qui a été créée au début des années 1300 à Tombouctou), a écrit :

> "Je suis enclin à soupçonner les Nègres et, en général, toutes les autres espèces d'hommes (car il en existe quatre ou cinq différentes) d'être naturellement inférieurs aux Blancs. Il n'y a jamais eu de nation civilisée d'un autre teint que celui des Blancs, ni même d'individu éminent dans l'action ou la spéculation. Pas de manufactures ingénieuses parmi eux, pas d'arts, pas de sciences. D'autre part, les plus grossiers et les plus barbares des Blancs, comme les anciens Germains, les actuels Tartares, ont encore quelque chose d'éminent dans leur valeur, dans la forme de leur gouvernement, ou dans quelque autre particularité."

Il y a une cohérence dans les héros analytiques caucasiens béatifiés dans le marathon du racisme. Chaque race mérite une médaille d'achèvement pour sa contribution à cette saga absurde. Ibn Khaldoun est un Africain qui croyait fermement que la géométrie éclaire l'intellect et donne raison à l'esprit. Il est souvent considéré comme l'un des parrains de l'économie moderne, en particulier de l'économie monétaire (beurk). On attribue à cet homme le mérite d'avoir observé et formulé les avantages de la division du travail dans son livre, Kitab al-Ibar, bien avant qu'Adam Smith ne l'emballe autour des concepts empochés auprès des physiocrates français. En outre, Khaldoun a brillamment introduit la théorie de la valeur du travail des siècles avant David Ricardo. Il s'est également exprimé ainsi :

"Au-delà du sud, il n'y a pas de civilisation au sens propre du terme. Il n'y a que des humains qui sont plus proches des animaux muets que des êtres rationnels. Ils vivent dans des fourrés et des grottes et se nourrissent d'herbes et de céréales non préparées. Ils se mangent fréquemment entre eux. On ne peut pas les considérer comme des êtres humains."

Chaque siècle semble commencer et se terminer par une synthèse bigote occidentale régnant en maître sur l'univers. Au milieu du voyage, l'humanité entière déverse une vénération excessive sur des êtres humains disgracieux désignés comme les grands penseurs de leur temps. Le cas le plus méprisable est sans doute celui de Gandhi. Je suis profondément troublé chaque fois que le Mahatma Gandhi est poliment appelé la "Grande âme" par quiconque ne porte pas courageusement un signe de croix gammée. Ce pédophile impénitent a offert sa jurisprudence aux Indiens d'Afrique du Sud sous le régime de l'apartheid. Il croyait en la pureté des races. Pour Bapu, les Indiens étaient sans aucun doute inférieurs aux Caucasiens, mais il le déplorait :

"Nous pouvions comprendre de ne pas être classés avec les Blancs, mais être mis sur le même plan que les indigènes nous semblait trop difficile à

supporter. Les Kaffirs sont en général peu
civilisés, les condamnés encore plus. Ils sont
gênants, sales et vivent comme des animaux."
(___)

Il y a une incohérence écœurante dans
l'affirmation de John Locke, le "père du libéralisme",
et de l'éclairé François-Marie Arouet (Voltaire) selon
laquelle tous les hommes sont égaux, alors que les
ignorants de la raison investissent massivement leur
argent dans le commerce des esclaves. Mais
l'aristocrate français Joseph Arthur est un exemple
alarmant des coûts considérables de la prolongation
d'hypothèses préjudiciables. N'ayant aucune idée de la
manière de mener des recherches scientifiques, il est
devenu merveilleusement célèbre en développant la
théorie de la race maîtresse aryenne. Il a regroupé les
gens selon leur couleur de peau et a affirmé que le
quotient intellectuel était déterminé par l'héritage
génétique. Et le Troisième Reich a fait de son mantra
irrationnel la pièce maîtresse de son carnage orchestré.
Aujourd'hui, des skinheads sans envergure et des
scientifiques racistes et misogynes sans intérêt
scandent cette suspicion irréfléchie pour justifier un
engagement envers l'absurdité qui est consacré par le
monde universitaire.

On ne peut espérer une bonne percée en faisant
simplement appel aux traditions existantes des gens. À
l'Ouest, à l'Est, au Nord et au Sud, les préjugés
scientifiques sont profondément ancrés dans les veines
du monde universitaire. Le préjugé est un déséquilibre
moral pétrifiant, car les significations des valeurs
fluctuent. D'autre part, le comportement préjudiciable

inflige de graves dommages à l'ensemble de la société qui cherche à priver un autre individu de son équité sociale. En restant sur la même piste de danse, nous pouvons prédire, avec le plus haut degré de certitude, l'aggravation de l'injustice sociale et les tragédies commerciales récurrentes à l'échelle mondiale.

"Ce n'est qu'à l'oreille grossière de celui qui est tout à fait indifférent que le chant d'un oiseau semble toujours le même."
- Rosa Luxemburg

L'effet prolongé de cette omnipotence synthétique fait pâle figure en comparaison de l'évolution de la ravageuse guerre clandestine pour le contrôle de l'esprit de l'*homo genus*. Le gain de fouet réalisé par la science sur la religion est crédité de la modération de la bigoterie, du racisme, du sexisme, de l'esclavage et d'autres absurdités flamboyantes. D'autres résultats laissent perplexe. Les triomphes scientifiques contemporains ont conduit à l'intellectualisation de toutes les conversations. Dans cet engouement, le savoir occidental est considéré comme infaillible, et ses détracteurs sont considérés comme des divinités dans les enclaves des ghettos universitaires du monde entier. La diarrhée verbale raciste de Kant, Hume, Diop, Gandhi et Khaldoun peut vous laisser perplexe. Comment des prospecteurs aussi estimés des comportements et de la luminescence de l'homme peuvent-ils être capables d'une ignorance aussi terrible ?
Lorsque des personnes tentent de préserver l'artisanat traditionnel, nous devons applaudir leurs

efforts. Le passé enrichit la culture contemporaine. Dans certains cas, nous devrions prendre des mesures extrêmes pour corriger des erreurs historiques. Des gens comme Kant et Hume, pour n'en citer que quelques-uns, et les préjugés emblématiques ancrés dans leurs œuvres ont eu un nombre incalculable de dommages dévastateurs pendant des siècles. Rendre caduc tout leur attirail fait plus que donner un exemple ou un avertissement aux autres racistes scientifiques belliqueux. Cela met fin aux applaudissements pour leurs méfaits et guérit peut-être l'humanité de la dysenterie des arguments convaincants. Qui est Eugen Karl Dühring ?

Toute ruse d'injustice s'appuie fortement sur la psychologie afin de manipuler la sagesse collective pour qu'elle croie à l'illusion de la justesse. À moins que vous n'ayez été dans les tranchées, à contempler les académies économiques sans être intimidé, vous vous interrogez sans doute sur les accusations spécifiques que je porte contre le capitalisme. Celles-ci sont différentes des cas et des expositions actuels auxquels vous vous êtes désensibilisés. Ce n'est pas une tâche facile que d'allumer les problèmes sous-jacents que j'enfonce dans votre cerveau. Pour faire éclater votre vision ou bulle constellaire, je devrais revenir à l'histoire et vous attirer dans un acte épouvantable de trahison et de stupidité à profusion : Dred Scott contre Sandford (1857).

Moins d'un siècle après la publication des mémoires d'Olaudah Equiano, Dred Scott, un Noir, a tenté d'intenter un procès pour sa liberté en raison de son séjour prolongé avec son propriétaire dans des États et territoires où l'esclavage était illégal. En formulant son cas d'une manière aussi horrible, il a ratifié l'idée que l'être humain n'est pas une chose à laquelle tous les êtres humains ont droit du simple fait d'être humains : c'est idiot ! Dans cette décision historique, la Cour suprême des États-Unis a rejeté la demande de Scott et a stipulé que ni lui ni aucune autre personne d'ascendance africaine ne pouvait prétendre à la citoyenneté des États-Unis parce qu'ils étaient des propriétés, comme une chaise ou un cochon : plus bête !

Dans l'esprit de Scott (et de la Cour suprême des États-Unis à l'époque), à moins qu'un groupe d'êtres humains vivants ne remplisse les prérogatives ambiguës de l'être humain, ils sont des objets. Je n'ai aucune sympathie pour Scott, car il n'avait aucune intention d'abattre l'esclavage. S'il avait admis être un homme libre, je parie qu'il aurait exercé le privilège d'être humain et acheté ses propres esclaves. Je ne m'attendais pas à autre chose de la part d'un système judiciaire qui tente toujours de retrouver le chemin de l'époque bigote. Tout au long des XIXe et XXe siècles, les lumpen-intellectuels ont galopé aux quatre coins du monde, délivrant une harangue intense pour défendre les rangs de la société, du commerce et de l'artisanat, et des classes politiques. Ils perpétuent les injustices sociales de toute forme comme une conséquence normale de la nature. Pour eux, nous ne sommes rien de plus qu'un moyen de production jetable, et seul un petit nombre d'entre nous (les riches) sont des créatures spéciales ; des êtres humains. De nos jours et à notre époque, cet évangile méphitique a gagné un terrain plus scolastique. Les quatre-vingt-dix-neuf pour cent qui soutiennent encore stupidement cette construction sociale sordide et mortifère sont encore plus bêtes !!!

Chapitre IV

Les suspects habituels

"Il doit toujours y avoir un remède au mal et à l'injustice, si seulement nous savons comment le trouver."
- Ida B. Wells

En apparence, la phase actuelle de l'humanité n'a rien en commun avec l'insensibilité et la folie du passé. Pour cause, on pourrait en conclure qu'il ne fallait pas une longue préparation mentale pour éblouir les anciens Romains. Les esclaves étaient contraints de se battre à mort contre un autre esclave ou un animal sauvage pour le divertissement des spectateurs. Rien ne nous distingue de ces hooligans primitifs dans la façon dont nous engloutissons le guano des savants. Malgré le fait que le nombre de divinités se rapproche d'une seule (l'argent), notre prétexte pour les sacrifices propitiatoires d'enfants n'est pas très différent des adorateurs de Moloch. Notre adoration inébranlable des politiciens psychopathes, des élitistes religieux et des argentiers rustres (ou, tout simplement, les appeler des connards députés) montre que nous sommes toujours enthousiastes et primitifs.

Sur le macabre parcours mondial de la neutralisation de l'intégrité, des étincelles brillantes remplissent l'univers. Les ressentiments sociaux ont mijoté. Nous sommes en train de gagner de façon phénoménale le combat contre la mort. Certains individus prennent sur eux de harceler avec persistance la normalité de la société en mettant en italique les irrationalités et les brutalités. Les dissidents ridiculisent les conventions sociales, commerciales et politiques. À bien des égards, l'histoire du monde est comme le caca humain. Il est simple de considérer les excréments comme les vestiges de ce que l'on a englouti. En réalité, la configuration de vos excréments est plus complexe : si l'on exclut l'eau, plus de cinquante pour cent sont des bactéries qui se sont promenées dans vos intestins. Lors de l'évacuation du caca, de nombreuses bactéries présentes dans le caca meurent peu après. Dans l'évolution des hominidés, les défaillances morales ne connaissent pas le même sort. Cette progression incomplète est à l'origine de la stagnation de la conscience globale.

Lorsque les voix de la justice sociale gagnent en popularité, des cliques de mégalomanes se joignent aux profanes pour détourner la célébration d'un air hautain. Par défi, les dialecticiens atténuent l'impact de la mutinerie sur l'analyse et la sensibilité du courant dominant. Les argentiers reprochent aux avertissements prémonitoires d'être infondés et démagogiques. Il s'agit d'individus et de groupes qui profitent largement des arrangements sociaux et politiques imprégnés de la puanteur de la misère. La légion des pantalons fait tournoyer des mots enchanteurs et embobine les âmes paresseuses qui ne sont pas au courant du nouveau changement de paradigme. Pour ne pas être en reste, les Goliaths borgnes donnent l'impression d'être pertinents et se préoccupent davantage des bons éléments littéraires que de ce qui est dit. Pendant ce temps, les archéologues consacrent beaucoup de temps et d'énergie à la recherche des plus anciennes excréments humains.

La représentation que mon contemporain se fait du monde dans lequel nous vivons a fait vaciller le bastion de l'hypocrisie. Songez que moins d'un siècle après la Seconde Guerre mondiale, nous flirtons effrontément avec la représentation absurde d'Adolf Hitler comme un visionnaire et un messie. Certains romantiques vont même plus loin, en soulignant les sanctions imposées après la Première Guerre mondiale pour exonérer l'enfer sur terre de l'Allemagne et le crime contre l'humanité de la Schutzstaffel. Pour couronner ces insolences, les Allemands de l'époque sont, dans la même fable, raillés comme des adolescents qui ont innocemment embrassé et jubilé devant deux pierres angulaires de tout sentiment d'exceptionnalisme national, die Herrenrasse, et Lebensraum. La crédulité implicite est incompatible avec le sentiment allemand durable de perfectionnisme racial.

En examinant les interprétations des dilemmes sociaux et les traitements recommandés, on s'interroge avec perspicacité sur le mélange de fumier scientifique, d'alcool et d'herbes, auquel se livraient les lumpen-intellectuels avant d'émettre une diarrhée cérébrale. Les stars sont celles qui comprennent le moins, et qui ont le meilleur arsenal de vieux sermons. Le mysticisme et la bêtise ont été surutilisés pour combler les puits de l'apathie. Les maximes théologiques sont les instruments les plus séduisants utilisés pour prolonger la lassitude du public et constituent le modus operandi habituel des mastodontes enthousiastes pour subjuguer les masses. Les disputes théoriques ésotériques étendues et élargies et l'hébétude des esprits universels ne cessent de briser les aspirations sociales.

Dans une tentative sincère de clore ce segment sur une bonne note, nous devrions nous féliciter de la fabrication continue d'un sentiment de certitude. Cela fortifie l'attitude apathique du public. L'avalanche d'assauts contre le bon sens désintègre l'appréciation du public et encourage les insurgés. La tactique réussit à contenir notre envie de demander des changements sociaux et politiques. L'enquête sur l'idiotie pure, comme l'eugénisme dans le passé, nous dit une chose : le prix à payer pour snober les mutineries des mœurs sociales dépasse de loin le coût pour notre conscience collective.

Je ne fais pas confiance au lent processus mental pour démêler mon humour morbide. À certains égards, l'effort pour éradiquer l'insensibilité humaine est stupide. Nous vivons et mourons par des pactes sociaux, commerciaux et politiques obscurs. Ce serait vous rendre un mauvais service que de déléguer aux apathiques la tâche d'éviscérer les normes acceptées. Soyez attentifs, car je suis en train de devenir carrément offensif.

"Je n'ai pas rejoint le mouvement de résistance pour tuer des gens, pour tuer la nation. Regardez-moi maintenant. Suis-je une personne sauvage ? Ma conscience est claire."
- Saloth Sar

Le capitalisme a été breveté comme étant le meilleur mécanisme pour offrir à chaque participant des droits égaux et des chances égales. La servitude humaine involontaire, l'esclavage, faisait encore partie intégrante de la vie des humains non accrédités lorsque cet arrangement social, commercial et politique a fait irruption sur la scène. Depuis, nous avons donné une nouvelle touche et une nouvelle signature à l'oppression excessive. On devait naître en esclavage et mourir en esclavage. À notre époque, on doit naître et périr dans une forme d'esclavage innovante et romancée. Sous l'œil du capitalisme, les divergences doctrinales et la perpétuelle agonie sociale se perdent souvent dans la mer d'argent et les combines de leurs dévoués complices.

La liste des arguments dépréciatifs des élitistes occidentaux pour expliquer pourquoi des milliards de personnes sont plongées dans une terrible pauvreté est trop longue. Il fut un temps où un échange équitable était un échange équitable. Les Occidentaux ont apporté la variole au nouveau monde. En échange, ils ont eu la syphilis. Pour les hipsters, l'antidote au commerce et à l'injustice commerciale est le commerce équitable. Aucun de ces cerveaux efféminés ne semble remarquer les aspects critiques des pays qui se trouvent en bas de la liste de merde ; une liste qui implique que les puissances occidentales chorégraphient constamment la purge du sens de l'orientation sociale et des aspirations des nations en développement. Penser une minute que le commerce équitable favorise des conditions de travail sûres et saines, protège l'environnement, permet la transparence et donne aux communautés les moyens de créer des entreprises fortes et prospères est absurde, pour ne pas dire révoltant. Le seul exploit amusant de la croisade pour le commerce équitable est le spectacle des bimbos dans les régions oubliées et délaissées du monde. L'ingérence omniprésente des gouvernements occidentaux cimente le statu quo du commerce et des échanges mondiaux dans les affaires des nations faibles. Le commerce équitable n'est qu'un autre gadget classique et nauséabond visant à garantir l'imperium du capitalisme ou, plus simplement, une technique de shime-waza sociale, commerciale et politique.

La supercherie du commerce équitable n'est rien en comparaison d'une autre histoire à dormir debout : la causalité entre la réduction des coûts et les prix. Les coûts de production doivent être réduits au minimum pour que les individus puissent satisfaire leurs besoins au détriment de ceux des autres. Il y a quelque chose qui ne va pas dans la marque dans l'acceptation universelle de ce bossu du commerce et des échanges. Cette illusion sanctionnée par l'acheteur et l'engagement des nations muettes envers la pauvreté évacue commodément tout remords tout en hypnotisant le tas de déchets que nous produisons. Chaque schéma de réduction des coûts a pour résultat une augmentation du surplus monétaire et une diminution de la qualité. Le surplus social n'a d'importance pour les capitaines d'industrie et la nouvelle race de barons voleurs que lorsqu'ils sont pris le pantalon baissé et qu'ils réapprovisionnent les fanatiques de l'injustice sociale. Les programmes de réduction des dépenses enrichissent les riches et trompent les pauvres. Il est grand temps de reconnaître que l'obsession de la réduction des coûts gâche l'écosystème et le goût des hommes.

De temps en temps, le nombre de morts des catastrophes du capitalisme nous empêche de dormir. Les suicides mélodramatiques et sporadiques dans les unités industrielles chinoises occultent l'épidémie de Karōshi au Japon. Les gens se tuent littéralement à la tâche. Qu'ont en commun les tragédies indicibles de l'usine Tazreen Fashions du XXIe siècle au Bangladesh et de la Triangle Shirtwaist Factory du XXIe siècle aux États-Unis ? Les portes des cages d'escalier et des sorties ont été scellées pour empêcher les travailleurs de prendre des pauses non autorisées et de chaparder. Les arguments de la réduction des coûts et du risque moral du commerce équitable ont une chair piquante et savoureuse. L'imbroglio des questions morales est alourdi par des prévaricateurs de premier ordre. Si l'on considère d'autres coûts humains flagrants, ni les conspirations des escrocs ni les scènes mélodramatiques des usines ne sont les points de convergence des travestissements du capitalisme. Le poison du capitalisme est brassé par la cupidité primitive des troupiers, l'appétit de grandeur des régimes et la voracité chic des vautours.

"La mort a pondu ses œufs dans la blessure."
- Federico del Sagrado Corazón de Jesús García Lorca

Les artifices de la prospérité sont parsemés de banderoles qui attribuent tout au marché libre. Ces illusions de richesse mondiale en sont venues à légitimer l'obsolescence planifiée. Dès que les concepts rénovés s'estompent et que le monde est confronté à une récurrence de l'effondrement du commerce et des échanges, les argentiers font venir le cirque en ville. Tout le monde obtient une douzaine de laissez-passer gratuits pour voir des Blemmyae maladroits, des dévots dépensiers, se battre contre des Sciopodes maniaques et des cliques d'austérité. Ces spectacles de lutte sinistres réussissent à dissoudre toute tentative de dialogue sincère sur le partage de l'excédent monétaire en une rhétorique prétentieuse. Parfois, le code d'austérité d'Hammurabi et les luttes d'amarrage des dépenses deviennent incontrôlables et se transforment en une série de rendez-vous macabres avec la mort. Il est loin le temps où les maîtres d'œuvre des mesures d'austérité et les protagonistes des dépenses étaient physiquement écrasés. Plus que le sentiment que nous sommes notoirement blasés des tragédies lorsque nous les regardons de loin, notre prédilection pour la célébration 24 heures sur 24 des "années folles" concoctées met en sourdine les affrontements diaboliques.

Les ritournelles de l'austérité et les singeries des dépenses sont des voiles pour protéger les intérêts des bailleurs de fonds. Divers ordres de chevalerie académiques manipulent des piles de preuves hallucinatoires en décomposition pour étaler leur amoralité et susciter l'intérêt des financiers. Tous ces desperados, aussi divers que divergents, commencent leur ratiocination sur la même prémisse décente : les gens ont des dons différents. De l'argument libéral, ils tirent un hideux discours moralisateur qui implique que les gagne-petit sont des fonceurs qui utilisent leurs talents innés. L'affirmation selon laquelle seuls quelques élus méritent bien plus que toute compensation imaginaire ajoute du piquant à la manipulation de masse. Un nombre infime de surhommes, à savoir les argentiers, ont un mélange de frugalité divine et de prédisposition chromosomique à faire les sacrifices nécessaires pour accumuler des richesses stupéfiantes. Et puis il y a le reste : les mortels ordinaires qui ne possèdent pas les caractéristiques susmentionnées. Ces "autres" humains ont une imperfection morale inhérente qui les pousse à se livrer à des débauches et à faire des achats qui les enchaînent à une agonie perpétuelle. Ils ont droit, à juste titre, à une part minuscule de l'excédent monétaire généré par toute entreprise. L'absurdité de cette histoire est un mépris flagrant de l'accumulation des revenus : le nanisme, par opposition à leur empressement à accroître la richesse. C'est le cas classique de la pendaison de la victime. La mauvaise nouvelle est que cette satire éculée, qui à la fois glorifie et banalise les préjugés sociaux, est un succès mondial, et trop souvent utilisée pour salir des nations et un hémisphère entier.

Il suffit de jeter un coup d'œil aux dettes abyssales des nations développées ou au bilan déroutant des riches pour démonter le mythe de l'abstinence. En fait, tout le mécanisme truqué du commerce et des échanges est conçu pour récompenser les gros dépensiers et tourmenter les petits accumulateurs. Il y a autant de vérités a priori que d'arguments a posteriori qui prouvent que les pauvres et les pays pauvres sont de simples spectateurs des massacres financiers mondiaux du capitalisme. Pour une nation qui aspire à briser le cycle de la pauvreté, la formule est simple. Vous devez dépenser ou escroquer pour entrer dans le club d'élite des nations qui bénéficient d'une immunité contre la pauvreté. Une fois que votre imprudence financière aura dépassé un niveau ridicule, vous serez anobli car trop blanc ou trop obèse pour suivre un régime financier. N'oubliez pas de commander dans le catalogue du club d'élite la bague en or incrustée de diamants avec cryptage : "Celui qui ne veut pas économiser n'aura pas à agoniser."

"Les pauvres sont ceux qui souffrent, sont condamnés à la prison et meurent sans verser de larmes."
- Naji Salim Hussain al-Ali

J'ai une aversion profonde pour deux expressions mélodramatiques, "les dieux ont parlé" et "Dieu, dans son infinie sagesse", qui dépassent de loin mon dégoût pour les mots "esclavage" et "obéissance". Tout au long de l'existence humaine enregistrée, lorsque les divinités sont considérées comme plus que des mascottes de cavalcade, des choses terribles se produisent. Il n'y a pas pire processus irrationnel ou séquence de sophismes logiques dont il est plus difficile de se défaire ou de se révoquer, une fois qu'ils ont commencé par "Dieu" ou qu'ils lui ont donné leur légitimité. La pensée critique et le débat ne font pas appel au surnaturel.

Alors que les puissances du capitalisme dérapent et que les cascades commerciales occidentales tombent à plat, les économistes islamiques applaudissent et crient : "Je vous l'avais dit." Les preuves sont rares qui remettent en cause les mérites de l'amère parade lumpen-intellectuelle moyen-orientale. Il est interdit aux membres de tout ouléma de juxtaposer l'économie islamique à l'économie conventionnelle. La peur d'être accusé de blasphème et de se moquer de la foi islamique dissuade les cogneurs avertis d'exposer l'arrangement de la dissonance cognitive. Pour votre plaisir, je suis un redresseur de torts sociaux. Conformément à mes lois de la charia, tirées d'un astucieux sermon d'un observateur perse : "Il ne vaut pas la peine de vivre dans la pauvreté au nom de la foi ou de l'idéologie", je vous accorde maintenant, ainsi qu'à moi-même, une immunité totale contre toute fatwa dialectique. Une explication du fonctionnement de quoi que ce soit doit pouvoir être défendue sans invoquer un être surnaturel. Je l'ai déjà dit, et je le répète : "Le socialisme, le fascisme et le communisme ont échoué, mais maintenant le capitalisme nous étrangle." J'ai tenu à distance la parasitose délirante de l'économie islamique pour que mon inquiétude et mon augure atteignent un absolu impartial et rendent ce voyage plus enivrant.

L'économie islamique est décrite comme un ensemble dynamique de lois permettant de régler les différends. Un tour d'horizon des termes passionnants à énoncer sur la liste des Sukuk comme Musharakah, Mudarabah, Shirkat-ul-milk, et Skirkat-ul-aqd dévoile l'obsession du système à s'accommoder de tous les aspects de l'appât du gain. En fait, chaque Sukuk a un outil similaire dans le capitalisme. D'ailleurs, l'abus et la férocité des instruments financiers tels que le commerce d'options futures et ses dérivés dans la jurisprudence commerciale islamique sont les mêmes que dans le capitalisme. L'interdiction de la riba, en l'assimilant au zulm, est le concept le plus ridicule de toutes ses mascarades. Un sentiment de révolte à l'égard de l'économie islamique s'installe dès que l'on se rend compte que les mécanismes de financement islamique standard, la Mourabaha et l'Ijaarah (qui ne sont que des accords de location-vente), permettent aux banques de facturer jusqu'à cent pour cent d'intérêts fixes.

En théorie, la jurisprudence commerciale islamique exclut toute discrimination fondée sur le sexe, la religion, la région et l'origine ethnique. L'idée que les gens ont des niveaux de talent différents n'a rien de déplacé. Ces fondements sont adaptés à une utilisation primaire pour sculpter des artefacts inestimables et logiques dans une culture capitaliste. L'exposition de la bienséance passe au second plan lorsque "accordé par Dieu" est ajouté à la queue des constructions sociales. La rationalisation de l'injustice est sans preuve à l'appui des directives divines. L'économie islamique est un bon exemple des conséquences démoralisantes de la spiritualité sur le mantra de l'économie politique. L'hyperémie socialement menaçante de ce modèle est prévisible, en particulier, dans la manière dont les surplus monétaires et sociaux sont dispersés parmi les participants actifs d'une entreprise.

Dans la parabole commerciale islamique, d'un côté, les gangs d'argentiers de *Rabbul-mal*, *Mudarib* et *Karimis*, en raison de leurs attributs surhumains, obtiennent leur part de l'excédent en pourcentage. De l'autre côté, les *Kasik* et les *Ajir* vivent des maigres résidus du surplus. L'économie psychitzophrène islamique postule que la planète entière dépend du travail pour sa survie. Dans le même temps, elle lie la rémunération du travail à la prestation de services et aux caprices de l'argent. Cette analyse différente rejette *Ecir* (le travailleur privé) et *Ecir-i müşterek* (le travailleur ordinaire) dans la classe laborieuse. En disjoignant la classe laborieuse des compensations des grandes récoltes, un luxe accordé aux argentiers, le système soumet *Ecir* et *Ecir-i Müşterek* au désespoir. Si vous vous grattez la tête en essayant de comprendre pourquoi ce dérèglement ne vous semble pas familier, eh bien, c'est la même chose que dans le capitalisme.

Ainsi, en un mot, l'économie islamique est parallèle au capitalisme. Tous deux assurent la discrimination de la distribution des surplus monétaires et canonisent les argentiers. Le capitalisme étend les droits et les privilèges établis par la Magna Carta Libertatum aux barons, créatures considérées comme des humains au XIIIe siècle, et aux serfs laissés pour compte. Les modèles de circulation commerciale et d'échange qui utilisent les enseignements de l'Islam sont ancrés dans des diktats religieux archaïques similaires à partir desquels les coutumes de servitude humaine ont été construites. Ces résultats de raffinement droit ont été plus efficaces pour supprimer le progrès social. En outre, l'indéniable et triste vérité éclate une fois que le mascara pieux est enlevé. Le capitalisme n'est rien de plus qu'une copie de l'économie islamique ; un dogme amoral soutenu par des aberrations théologiques qui justifient la vassalité. Plus important encore, les apôtres du capitalisme et les disciples de l'économie islamique acceptent impénitemment comme vrai l'écart obligatoire entre les pauvres et les riches pour générer un arrangement social, commercial et politique harmonieux dans une société. Basouma lé kaskia ; Inch 'Allah !

"Moi seul savais ce que j'avais souffert. Moi seul savais ce que ça faisait d'être vivant mais mort."
- Phoolan Devi

Les premiers traités des pontifes de l'économie politique sont indubitablement des efforts dialectiques persistants pour étudier soigneusement et en profondeur le pandémonium de la production et du commerce. L'humanité a-t-elle fait des progrès ? Les pontifes avaient en effet le doigt sur le pouls de ce qui se passait dans leur monde. Ce que l'on oublie souvent, c'est qu'ils étaient plus que des sondeurs de la conversion du commerce. Ils alertaient la société sur les anomalies sociales et influençaient les verdicts politiques. Ils ont courageusement articulé des cadres sociaux, commerciaux et politiques non viables qui nous hantent aujourd'hui. Leur prestige a également facilité l'essor de l'économie politique au sein de la philosophie et a ouvert la voie à d'autres développements.

La cause des cyclones périodiques sociaux, commerciaux et politiques et la pulvérisation d'une misère exagérée sont facilement expulsées si nous pouvions verrouiller les lèvres absurdes et les théories farfelues. Excommunier les imbéciles n'aboutira à rien si nous ne pouvons pas dichotomiser la disparité et l'injustice. C'est là que l'économie politique a perdu sa virilité. Comme la nature ne tolère pas le vide, les absurdités ont rempli l'espace approprié. Ainsi, on pointe du doigt dans une seule direction : peu importe ce qui a déclenché un blizzard financier, les lumpen-intellectuels concoctent une accusation de racket désignant les pauvres. Pour les argentiers, ce sont les pauvres qui sont toujours la cause de tout ce qui découle des troubles du capitalisme, et de la suivante, et ainsi de suite. Pour les travailleurs, ce sont les riches qui sont toujours la cause de tous les chaos, également ; et du suivant, et ainsi de suite.

Les anomalies de construction sociale sont créées par les parasites. Je ne me soucie d'aucune forme de disparité pour la simple raison qu'il s'agit de lacunes structurelles inhérentes à la nature. Je ne peux pas, par contre, me retenir de dénoncer les maux du commerce et des échanges ou de pointer du doigt les cas de délire socio-politique. Je n'insisterai jamais assez sur ce point : nous avons le potentiel d'être bons ou mauvais. Certains milieux et certaines situations sont des terrains propices au mal qui sommeille en chacun de nous. La principale inégalité répugnante est l'intolérance apprise.

Pour vomir l'argument avec un meilleur arôme, je dirai que l'injustice sous toutes ses formes n'est pas un défaut moral, mais plutôt un prodrome de constructions sociales abyssales telles que le patriarcat, le théisme et tous les principes flamboyants du commerce et de l'échange. Ainsi, la pauvreté et toutes les sottises du "isme" sont des signes alarmants de pathogènes sociaux. Dans ce contexte, en interdisant les ventes aux enchères de parties de corps humains, en défigurant les sanctuaires de Jésus Halverde, en faisant honte à l'institution *Restavek*, en faisant exploser des moudjahidines psychopathes, en opprimant les Ouïghours sur leurs terres ancestrales ou en redessinant les *sakoku*, nous avons fouetté le mauvais cheval, encore et encore et encore.

Vérité absolue

La vie est la première cause de décès.

Chapitre V

Économétrucage

"La couche qui se trouve au-dessus du ciel et au-dessous de la terre, qui est décrite comme étant située entre la terre et le ciel et qui est indiquée comme le symbole du passé, du présent et du futur, où se trouve-t-elle ?".
- Gargi Vachaknavi

L'obsession et le délire se croisent là où le surnaturel s'épanouit. Les humains sont perturbés par les questions de l'esprit en relation avec le corps. Les condamnés ont été les premiers à être démembrés pour évaluer la complexité de l'anatomie humaine. Le souci d'éviter de réveiller une caractéristique partagée par tous les êtres peut sembler bizarre en dehors des ruminations métaphysiques, mais on prend grand soin de reconnaître l'existentiel. Autrefois, pour ne pas interférer avec les symbioses de l'au-delà, le cadavre était censé être drapé et seule la partie du corps exposée à l'excision était visible. Cette paranoïa ancienne qui perdure aujourd'hui a donné naissance à un modèle médical qui souscrit à la notion de rôle du mystique dans la vie. Il en va de même pour l'index inépuisable d'opinions spirituelles pour justifier la cruauté envers la classe ouvrière de rang inférieur. Plus que dans la pyramide sociale européenne tant admirée, le Motu Proprio Magnum Principium était utilisé par les disciples de la recherche naturaliste pour atomiser ceux qui s'engageaient dans l'activisme social.

Cela aurait été évident pour les obscurantistes de la phase naissante du capitalisme, où l'intellectualisation de l'inhumanité recevait des éloges et des faveurs. Lorsque les calamités s'aggravent, les conséquences ne sont pas celles que l'on attend : le fanatisme des pontes gonfle l'indisposition du grand public à l'effort mental. Avec un grand nombre de suceurs de bites et de lumpen-intellectuels audacieux, l'économie politique a été reléguée à un rôle d'observateur passif de l'économie. Un fatras apparemment cohérent d'inepties et de tournures analytiques décadentes a été enchaîné à la synthèse de l'économie politique pour incuber une science ambiguë. Cet accord mou a fait germer les circonvolutions du commerce et des échanges.

L'économie s'est appropriée le droit et le privilège de la noble alliance de la trinité sociale, du commerce et des échanges, et de la trinité politique. L'effort concerté pour subjuguer les émotions de l'humanité remonte à l'une des plus anciennes sociétés secrètes. Des héritages titillés louant les penchants et les contraintes des filous chevauchaient la ligne entre l'innocence et la malice. Les ancrages idéologiques restreignent les schémas de libération globale. Les sophistes n'ont que trop bien su ancrer leurs préjugés dans la sagesse conventionnelle, où la discrétion doit être écartée des étapes de traitement des preuves par les gens ordinaires. Dès que vous avalez leur canard, vous devenez aveugle ; il n'y a pas de retour en arrière possible pour voir clair dans ces sornettes. Les vaines hypothèses utilisées comme prémisses d'équations mathématiques ont saccagé la moralité et la sympathie.

Antonio Gramsci a pris la classe des desperados cérébraux du milieu du vingtième siècle pour des intellectuels organiques. Les lumpen-intellectuels n'ont rien d'organique. Nous devons remercier les incursions technologiques pour avoir fait la lumière sur des événements passés et persistants pourris. L'ère schmaltzy des années 1960 n'a pas réussi à atténuer l'explosion des hypothèses absurdes. Les maîtres ont adopté des positions sans équivoque ; le pouvoir et l'influence sont restés de leur côté de l'échiquier. L'hémisphère nord n'a pas cherché à éradiquer les champions des autres régions du monde. Les choquantes agressions de la raison ont eu un prix effroyable en vies humaines. Des milliards d'enfants, de femmes et d'hommes ont été privés de toute dignité. Les directives irréalistes des organisations internationales sur les affaires mondiales ont semé la zizanie dans les régimes naturellement enclins à la prodigalité. Les évangélistes du marché libre et de la spiritualité se sont ligués sans état d'âme pour soutenir le règne des riches occidentaux sur le reste du monde. Les vies perdues ont été dépeintes comme les dommages collatéraux de la volonté de Belzébuth.

C'est un devoir moral que d'examiner avec prudence les fondements d'un principe avant de lui prêter allégeance. Les pickpockets et les escrocs ne sont pas les seuls à accorder de la valeur aux diversions. L'avantage des mathématiques dans toute analyse s'enroule autour de la postulation comme l'outil adéquat pour que les savants puissent s'exprimer de manière précise et directe. Les non-conformistes qui se sont efforcés de vanter les vertus du marxisme n'ont pas empêché l'invasion de la philosophie zentai dans la recherche sociale ni le détournement des hypothèses et des tendances. Une nouvelle race de jongleurs d'économie ostentatoires ornent leurs coupoles d'équations et de graphiques.

Dans tous les domaines scientifiques, les chiffres sont perçus de manière excentrique comme la manière correcte de suturer et de maintenir l'ordre social. Les experts sont explicitement encouragés à imiter l'exactitude en sculptant les données comme le seul moyen approprié de persuasion. La mainmise de l'économétrie sur le bon sens et le jugement sain n'est pas la preuve péjorative que la vérité a cessé d'être nécessaire à la croyance. L'application des méthodes statistiques aux données du commerce et des échanges a subjugué les discours sociaux en un langage que peu de gens parlent et manipulent. Le démantèlement des sentiments humains pour ériger une théorie puissante a engendré un sentiment durable de confusion. En fait, la campagne active de répression des sentiments dans le cadre d'une exploration méticuleuse rend les universitaires stupidement engourdis.

"Le partisan de l'ornementation croit que l'envie de simplicité équivaut à l'abnégation."
- Adolf Franz Karl Viktor Maria Loos

Chaque civilisation a une foi hystérique en l'existence d'êtres ayant le pouvoir d'arrêter le délabrement de la décence commune et l'autodestruction de la race humaine. La seconde moitié du vingtième siècle a débuté par un gémissement et un claquement social de la part de révolutionnaires et de chauvins exaspérés et revigorés du monde entier. Au milieu d'affrontements violents, certains théoriciens ont cherché à stimuler un autre type de conversation. Pour ces génies enthousiastes, il était urgent de déterminer, une fois pour toutes, s'il existe des créatures intelligentes perdues dans l'espace ou solitaires dans une galaxie très, très lointaine. Deux éléments esquissés par ces esprits surentraînés sur une serviette de table sont à la fois charmants et perplexes. N" est le nombre de groupes qui préfèrent nous faire la cour plutôt que de nous asservir. L" suppose que ces créatures dotées d'une antenne sur la tête et d'un œil seraient désireuses de nous faire savoir qu'elles sont dans le voisinage. La simplicité du paradoxe de Fermi aurait dû envoyer dans la tombe l'équation de Drake ; pourtant, elle a perduré. Les spasmes abstraits sont intégrés dans ce genre de poursuites ineptes. D'ailleurs, la climacophobie est le résultat de l'audace de réfuter que nous cohabitons sur terre avec d'autres colonies de type humain, mais dans des dimensions différentes.

Les années 1960 sont irréfutablement les années les plus coûteuses en matière de bévues de principe général. C'est archéologiquement le pas le plus périlleux dans la mauvaise direction dans l'arène partisane et commerciale. Les économistes néoclassiques ont magnifiquement imprégné le discours d'astuces mathématiques qui ont fait disparaître le bon sens dans les hypothèses sociales, commerciales et politiques. La maîtrise de la science de la parfumerie est un élément essentiel pour opérer dans le monde moderne. La compétence des mathématiques en matière de sophismes réside dans leur facilité à camoufler les ordures analytiques à la vue de tous. Si seulement tous les skinheads, les dogmatiques et les vieillards étaient occupés à regarder vers le ciel, à la recherche du moindre signe de créatures extraterrestres qui pourraient bien rabaisser les humains au rang de rois et de reines de la jungle, le monde serait meilleur ; mais seuls les très rares marginaux le font. L'influence omniprésente des mathématiques sur la méthode d'autopsie moderne préférée de l'économie, un domaine qui colonise les discours sociaux et politiques, a eu des conséquences désastreuses.

Les images et les mots peuvent se compléter. Les images ont été le seul moteur de l'économie. Lorsqu'on atteint le sommet de l'illusion, on cesse d'observer plutôt que de revendiquer. Dans la dernière ligne droite de l'enseignement supérieur, les étudiants sont formés à formuler une question pour le plaisir, ce qui défie la notion de résolution d'un problème. L'objectif professionnel de ces acolytes est de concocter un modèle de tendance décolorée. Lorsqu'on leur présente deux désastres, les esprits hautement qualifiés qui pensent plus vite qu'on ne peut parler vont projeter l'histoire dans les rapports. L'excuse est que c'est la seule façon de fournir la validité et la fiabilité nécessaires à la planification sociale, au commerce et aux résolutions commerciales. Le commun des mortels se demande comment une série d'événements s'est déroulée. On dit que le découpage d'une observation en chiffres a un sens lorsqu'on est convaincu qu'un événement peut se reproduire. Les tensions croissantes entre les classes sociales font que moins de membres de l'élite sont à l'aise avec le statu quo politique et économique. L'apathie s'est intensifiée lorsque la recherche s'est aventurée plus loin dans l'abstrait pour faire valoir les arguments des argentiers.

Un groupe d'architectes principaux de l'économie politique a fait de la préoccupation première de la société la prise en charge des pauvres, tandis que le groupe le plus dynamique a cherché à protéger la minorité des prospères contre la majorité. Les personnages de l'économie saugrenue ont gagné en notoriété et ont fait de l'étalon de mesure une ruse pour sculpter des modèles. La postulation la plus stupide a été celle qui a suscité la plus grande estime. Souvent, ce qui est considéré comme une information qualitative n'aide pas à développer une compréhension complète. Le modèle hiérarchique n'est guidé que par les descriptions pictographiques de la modélisation statistique, sans les divers récits des réalités, au nom de l'éternel sceau d'approbation de la généralisation. Cela devrait être un avertissement pour nous tous de considérer le concept de théorie générale des systèmes avec un grain de sel et, à son tour, de considérer les modèles humains liés à ses spécificités de cultures, de normes et de valeurs.

Il est rare qu'il n'y ait aucune résistance à la modification de la voie actuelle à laquelle nous nous accrochons, comme l'analogie mythique du lemming au bord de la falaise en ce qui concerne les foules. Des êtres sages se présentent pour soutenir l'affirmation selon laquelle le capitalisme est la seule voie correcte à bien des égards, alors que les financiers perdent le contrôle de la société. Les individus qui voient tous les arguments en faveur du marché libre deviennent aveugles aux arguments qui s'y opposent. Pour briser la pauvre solidarité et canoniser les argentiers, une nouvelle race d'esclavagistes a poursuivi sa mission d'exorciser les émotions de la tête des gens. Ces déductions ne tiennent pas compte du fait que la sympathie envers les moins fortunés est un trait humain. L'histoire complète doit être racontée.

Les praticiens timorés peuvent s'épancher sans retenue et se laisser aller à la théâtralité. La politique est le domaine où l'on s'attend à une utilisation abusive des statistiques. L'appel public à l'éblouissement et l'insatiable demande académique de contributions à un domaine ont amplifié le flot de conneries. Les institutions responsables de l'endocrinologie chez les jeunes - ou, en termes simples, les usines qui produisent des algorithmes humains - ont modernisé le processus de maturation des aptitudes, qui consiste à élaborer des hypothèses. Réglé sur les partialités du terrain ou sur l'agenda d'un patron, un sondeur décortique les données pour disséquer le problème et concocter la réponse. Cette technique garantit la livraison sans stress d'une recommandation superbement bidon. En fait, il s'agit de présenter un point de vue, de l'assortir de son contraire et de coller des extraits sonores d'autres artistes. Il est terrifiant de constater que les donateurs en économie ont gagné en pouvoir et en influence, mais qu'ils ont suivi à peu près les mêmes chemins au cours des dernières décennies. La différence entre les autres domaines et l'économie est que leurs enclos peuvent supporter des gaffes, alors que leurs récentes frasques perpétuent l'injustice et coûtent des vies.

"Tout peut être expliqué aux gens, à la seule condition que vous vouliez vraiment qu'ils comprennent."
- Frantz Omar Fanon

Un style de vie louche nuit certainement à une tranquillité d'esprit durable. Le vingtième siècle a été de plus en plus dominé par l'analyse mathématique et l'abus de la logique déductive. La folie a franchi une nouvelle étape lorsque les mathématiques ont été ajoutées aux dessins économiques, qui devraient être considérés comme une belle rose vénéneuse. La personnalité humaine a été raidie par un eidolon de probabilités solides. L'opportunité s'est traduite par une intensification des possibilités d'anxiété. D'une manière ou d'une autre, une corrélation s'est mariée à une causalité, scellant le destin de deux observations sans rapport. Une seule occurrence était habituellement étirée pour susciter des disciples.

L'histoire de la corrélation entre calvitie et crise cardiaque est particulièrement fascinante. La quantité de puissance cérébrale qui a été gaspillée pour argumenter dans un sens ou dans l'autre amène à se demander s'il s'agit d'un revivalisme païen anti-chrétien ou d'une preuve de l'incapacité de l'Homo sapiens à trouver un moyen de se libérer des chaînes omniprésentes de l'injustice sociale, commerciale et politique. L'hostilité politique entre les pays du bloc soviétique et les puissances occidentales dirigées par les États-Unis a été un incinérateur des idéaux d'égalité. Nous devrions couronner sans équivoque les années 1960 comme la décennie particulière au cours de laquelle les aléas qui en sont nés ont prolongé et intellectualisé l'idiotie sociale, commerciale et politique.

Avant tout, cette période a juxtaposé deux paradoxes passionnants. Les voix ostentatoires occidentales ont réussi à faire prendre conscience de l'exceptionnelle cruauté et des préjugés qui gangrènent les interactions humaines. Leurs ballades mélancoliques ont touché un public occidental plus large, et leur sympathie envers ce qui était décrit comme des personnes et des endroits merdiques s'est développée. De l'autre côté de la même scène, d'ignobles bigoteries étaient enrobées de panique irrationnelle et de chauvinisme. La seule façon de dire la vérité est de dire la vérité ; même si cela peut être stressant. D'un autre côté, le nombre impressionnant d'informations facilement accessibles a rendu encore plus complexe la dissection des événements au moment où ils se produisent, et a brouillé les événements passés. L'exaspération de déchiffrer un signal en toute sécurité à partir du bruit devrait être le motif en or pour entreprendre un effort apparemment impossible pour résoudre les problèmes. Au lieu de cela, nous avons institutionnalisé l'indolence des chercheurs, fait de la croyance le porteur de la vérité, et plaqué les connaissances qui justifient véritablement les propositions.

Il est facile de dire que l'agonie, la dévastation, la cruauté et l'adieu réveillent les esprits d'un passé, mais qu'il ne faut pas s'y attarder ni les utiliser pour sceller l'autodétermination. Les dossiers et le temps sont immoraux lorsqu'il s'agit d'apprendre des supercheries, de choisir des comptes rendus et d'éluder la réalité dans le but de cataloguer un faux comme étant la vérité. Le risque de tomber dans un gouffre qui peut se terminer par un plaisir pécuniaire ou une dépression socio-politico-économique est la question qui se pose. Que la chute soit intentionnelle ou une coïncidence, on peut encore réfléchir à son issue. En de rares occasions seulement, la cuillère de l'activisme a pesé plus lourd que le tonneau du pessimisme. Quand cela arrive, la dérive de la conscience enflamme l'esprit torve et stoppe l'agression du bon sens. Ce faisant, elle enlève du pouvoir aux images et aux mots et redonne de la valeur à l'action.

De nos jours, les sophistes ne tombent pas rapidement dans l'indiscrétion ou ne laissent pas l'examen des faits rabaisser leur concept au niveau d'une revendication idiote. Dès qu'une trahison est mise à jour, ils frappent la révélation avec un plan machiavélique. Nous sommes loin de rompre cette tendance à la tromperie. L'une des nombreuses raisons est que les humains trouvent une gratification dans ces parodies de mea culpa, et ne les tiennent jamais pour responsables d'assiéger le pont du bon sens. J'espère voir le jour où les obscurantistes seront publiquement fustigés pour leur mendicité passée. Les prétentions d'expertise intellectuelle lumpen sont une tentative d'utiliser les titres de compétences pour étouffer le dialogue nécessaire à l'amélioration des humains. Dans le monde de la peinture, ni l'artiste ni la toile n'ont le monopole de l'illusion infuse. Les fanatiques et les spéculateurs s'y enfoncent trop profondément, et rehaussent le parfum du surnaturel à une modeste énigme. En flirtant avec la misère et les contrastes choquants à travers le monde, il est impossible d'étayer une certitude. Est-ce une excuse pour ne pas exiger que les propositions soient clairement expliquées comme étant la vérité ?

"Si un menteur, qui désire obtenir des richesses ou des honneurs parmi les hommes, a besoin d'employer des moyens immondes pour les obtenir, il dira qu'il est convaincu que ce mensonge était pour lui une chose juste. Pour les personnes qui ne veulent pas chercher, cette action semble être vraie, et elles croient à la foi solide du menteur."
- Zera Yacob

A Arthur Cecil Pigou, Alfred Marshall a avoué :

"(1) Utilisez les mathématiques comme un langage abrégé, plutôt que comme un moteur de recherche. (2) Gardez-les jusqu'à ce que vous ayez terminé. (3) Traduisez en anglais. (4) Ensuite, illustrez par des exemples qui sont importants dans la vie réelle. (5) Brûlez les mathématiques. (6) Si vous ne pouvez pas réussir en 4, brûlez en 3. C'est ce que je fais souvent."

Au nouveau carrefour, notre conscience est contrariée car le goût du poison trompeur reste dans notre gorge pendant un quart de vie. Exiger qu'on nous dise la vérité peut être considéré comme héroïque. Le sens de l'exploit se dessèche toujours, puis engendre de nouveaux soupçons. Une impression biaisée est que les universitaires sont impatients de répondre à de vieilles questions brûlantes dans leurs domaines, ou de résoudre des problèmes sociaux. Ce mythe ne tient pas compte des tendances actuelles ; les problèmes de recherche se situent dans le domaine des chercheurs qui survivent aux examens de la littérature, et pourraient conduire à une promotion universitaire (ou au moins à une publication dans une revue à comité de lecture).

L'appropriation par les mathématiques des archipels sociaux, commerciaux et politiques a pour conséquence l'aliénation des raisonneurs et l'obsession de refléter une pensée saine qui s'aligne sur un agenda spécifique. Je ne comprends pas qu'un économiste puisse parler avec conviction. Il est ahurissant de constater que tout projet d'avenir est élaboré à partir d'astuces. Nous en venons à tout miser, à tout expliquer et à tout fantasmer sur la base de la probabilité, ce qui est bien différent de la certitude. Les personnages perspicaces qui sortent courageusement des tranchées de l'ignorance sont à la merci des petits bourgeois et deviennent la cible de l'hostilité et de l'odium des doctrinaires nonpareils.

Les ruses mathématiques sont basées sur un chaos général sans rencontre réelle avec un humain. Les sophistes effectuent une régression et font les tours habituels pour déduire la causalité, et le bon sens devient le coupable. Les données, bien que cohérentes avec une hypothèse, ne brossent pas le même tableau de manière isolée. Elles ne font que justifier la croyance en la théorie, même après avoir trouvé d'autres preuves du contraire. Cette option émotive est, à bien des égards, attrayante. La vérité découle du sens et de la raison. Il faut un nombre considérable de neurones pour que ces deux pôles s'accommodent mutuellement. L'un des plus grands a perdu une tonne de mazuma en jouant à la bourse. Il a dû faire face à la question en infusant des statistiques et des probabilités pour satisfaire les besoins égoïstes des économistes. L'air de la stabilité ne peut pas durer longtemps, et pas à cause d'un chiffre. Les humains sont capricieux.

Il existe une forte hypothèse de chaos et de tendances infinies. C'est sans doute la perspective prédominante de la plupart des sophistes dans le domaine économique aujourd'hui. Les sociétés matriarcales croient que l'esprit trouve un chemin dans le vagin de la femme pour créer le bébé ; et non un spermatozoïde masculin. Nous avons compris que cette croyance est aussi éloignée de la vérité que de la chair. Nous n'avons pas encore réfuté le rôle mystique de l'autre partie qui nous fait, nous. La simplification à outrance des phénomènes pour éviter de franchir des frontières artificielles est bouleversante. Les mortels pour qui la logique n'existe pas sont mentalement brouillés et obsédés par une petite partie de la vérité. Lorsqu'un nombre considérable de neurones est gaspillé à relever des indices et des tendances, nous finissons dans des nébuleuses de sens nains.

Notre cerveau traite des millions d'options. Lorsqu'on nous demande la couleur du soleil, la réponse typique est rouge ou jaune. En cherchant les intentions des gens, le scepticisme est disponible, pour être immédiatement abusé. Je m'attaque aux déchets scolaires comme une furie vengeresse. Il est plus facile de tourner autour du familier que d'inventer quelque chose de nouveau. Je m'asphyxie lorsqu'un sourire naïf rend hommage à de vieilles gloires qui se sont avérées être un tas d'ordures. Pour les créatures qui sont passives et ne possèdent aucun argument propre, l'inaction est la pire de toutes les méchancetés. Pour le meilleur ou pour le pire, j'ai été maudit avec une curiosité infâme et active : Je me vante d'adopter une ligne plus dure pour aller chercher la vérité.

"C'est une honte que l'éducation ne donne aux gens que les moyens de hacher la logique".
- Natsume Sōseki

L'ignorance est une bénédiction ; les personnes ignorantes sont une douleur dans le cul. Neutre ne veut pas dire neutre. Pour le meilleur ou pour le pire, chaque être humain est important pour l'ensemble de l'espèce humaine, mais seuls les crétins apportent des changements dans la totalité de l'existence. Il y a deux groupes dont le zèle me fait vomir : les crétins qui naviguent dans la vaste mer de la pauvreté et de la misère pour le plaisir, et les primates vêtus de costumes coûteux fabriqués par des tailleurs renommés dans le légendaire Savile Row de Londres. La quantité de vile absurdité qu'ils ont absorbée est à l'origine de leur tentative d'enchaîner ma prose provocante sans avoir la moindre idée de mon raisonnement. Leur deuxième instinct est aussi draconien que le premier : ils me serrent les bras pour m'entraîner dans un combat de perroquets. Je prends un grand plaisir à gaspiller ma vie dans des entreprises méprisables. Lorsqu'il s'agit de traiter avec des individus dotés d'un handicap considérable de bon sens, je fais le mort. Les indices de la conscience de soi des animaux ou de leur empathie compréhensive sont bien documentés. Je prépare ma nourriture et je me séquestre pour chier ; je suis humain.

Les enquêteurs de l'économie s'attaquent à cette question en fournissant des masses de données, des antécédents dans des articles évalués par des pairs et des statistiques tabulées ; tout cela ne nécessite que quelques différences d'opinion après les enquêtes initiales. Dans un conte de fées où l'économiste est dépeint comme un sauveur, il affirme également que la communauté peut régner sur les tendances destructrices du capitalisme. Les tragédies doivent d'abord raconter le début. Le marché libre est basé sur un bel insigne coloré appelé efficacité. L'efficacité, et non la suffisance, est une meilleure terminologie que la vraie : le gaspillage. Nous sommes tous une contradiction vivante et respirante qui se précipite et empile des déchets dans nos doubles rôles de salariés, de déposants et d'acheteurs.

Les maîtres (pas vous) craignent la cupidité nouvelle et aveugle et ont empêché le monde entier d'introduire une doctrine commerciale saine. Pendant la guerre froide, de nouveaux concepts auraient pu fleurir dans les pays non-alignés si des nains intellectuels et des psychopathes ne remplissaient pas le mouvement. Il est fatal de prétendre que les affrontements entre les thèmes de doléances publiques et l'opulence des élites ont été le carburant des gémissements socio-politico-économiques. Il est également pécheur de prétendre qu'en l'absence de réaction générale, les argentiers confisquent le pouvoir aux petits bourgeois et aux pauvres. La suprématie des signes intégraux et des équations pour mettre en évidence une hypothèse absurde n'est pas un sous-produit de la curiosité intellectuelle des économistes et des mathématiciens. Cette approche ne peut pas non plus être attribuée à l'incapacité du public à attraper et à faire honte à ces blasphémateurs. D'une manière ou d'une autre, elle est devenue une partie de l'économie moderne parce que les argentiers ont appris leur utilité tordue.

Dès le premier abord, on est submergé par des paquets de complexités et de confusions féroces sur ce qui est devenu la principale distraction des flingueurs d'Acadēmicus pour sortir des modèles criards de leur cul. Une fois fondue et bien disséquée, toute l'enchilada devient dégoûtante et sans détour. L'homo sapiens est tenté de parler de fanfaron comme d'un armement d'autorité intellectuelle. La technique de la décoration fonctionne avec les équations mathématiques et ne sont utiles qu'à un nombre minuscule de lecteurs. Pourtant, les variables fictives n'ont pas encore démontré leur rigueur ou leur utilité lorsque l'économie tombe d'un pont ou qu'une catastrophe sociale se produit. Il y a plus d'intention dans notre façon d'échanger des choses qu'une tendance ; par conséquent, les mathématiques sont obsolètes. Pour les vauriens qui aspirent à des sensations fortes bon marché, un taux d'intérêt, les prix des produits de base, les prix des titres, les réserves d'argent et autres sont facilement disponibles pour que vous puissiez les injecter dans vos cœurs et vos têtes pourris.

Chaque branche académique est obsédée par les ornements mathématiques, comme si la créativité relevait de l'art, la cohérence de la science, et que les deux (créativité et cohérence) s'excluaient mutuellement. En plus de freiner la créativité, l'hypothèse interfère avec l'originalité et l'honnêteté cérébrale en faisant pression pour produire ce qui est attendu. La ligne de démarcation entre généralisations et stéréotypes est effacée. Détruire les règles habituelles de l'argumentation logique n'est pas un rejet de la connaissance ou de la rationalité. Devons-nous excommunier une tradition profondément enracinée dans la façon dont nous acquérons des connaissances et apprenons des choses ? Pas vraiment. Les mathématiques doivent être reléguées au second plan, là où elles doivent être, tout comme la religion. Les arènes de la sympathie et de l'esprit doivent être engagées ou réoccupées en redéfinissant le domaine du partage des surplus monétaires et sociaux et de l'"intermerce" (relations et comportements humains). L'élimination des ornements analytiques est impérative pour l'évolution des études sociales, commerciales et politiques.

Dans un monde de compréhension imparfaite et de preuves trompeuses, il y a deux engouements en économie. La première est la coloration des captures d'écran des interactions des gens. La rationalisation de l'abus de théories abstraites alimentées par des modèles mathématiques est que les gens prennent toujours des décisions intelligentes. Tout est cousu par la croyance que nous sommes tous des êtres égocentriques qui ont toujours quelque chose à échanger, et sont récompensés pour ce que nous avons à échanger. La seconde est la commercialisation par les gouvernements de tactiques interventionnistes pour maintenir leurs nations à flot. On part du principe que les gens ne sont pas autosuffisants tout au long de leur cycle de vie. Dans la plupart des pays développés, les économistes privilégient la première acrobatie pour pousser la seconde pratiquement au bas de sa trajectoire. L'économie n'a pas d'expertise ou de connaissances supérieures sur les dilemmes sociaux par rapport aux autres styles de sermon. Les virtuoses du marché libre ont dû mettre en œuvre certaines astuces de persuasion, qui ont amené les profanes à leur accorder plus de respect qu'à d'autres génies présentant des arguments valables à partir d'autres prémisses. L'intelligence des hypothèses grotesques n'était pas un sous-produit de la curiosité intellectuelle. Elle n'a pas été obtenue par hasard, avec l'accentuation de la crise financière mondiale.

Il est nécessaire de changer les priorités en conjurant des conventions dépravées dans la recherche ou en écrasant des engins cérébraux. Il faut sentir une vraie plante et entendre les abeilles pour dénoncer les schémas imaginaires abstrayant les visions du monde. Ces créatures qui se sont donné pour mission de décomposer l'humanité en une équation devraient faire l'objet d'un examen plus approfondi. La condition humaine s'améliore considérablement quand et où il existe une culture permettant de confronter les propositions sociales, politiques, commerciales, religieuses et culturelles. L'anarchisme a été jeté aux toilettes de la même manière que le fascisme. Les intellectuels radicaux savent que la fin du capitalisme est programmée. À aucun moment, ils ne sont terrifiés à l'idée de désavouer spontanément l'étalage ouvert de la désillusion et de la tromperie. Nous n'avons pas dépassé l'embellissement des concepts pour le plaisir de l'apparence. Pour l'instant, il semble impossible de le faire. Tout le monde n'est pas doté d'une telle audace : c'est un aspect essentiel de la vie que les opprimés et les déprimés ne réalisent pas.

Chapitre VI

Phrases inachevées

"Vous devez craindre le désespoir des pauvres et leurs révoltes ultérieures. Ce sont toujours les riches qui sont attaqués par leurs mains meurtrières, et souvent, dans leur fureur, ils ne font aucune distinction entre les bons et les mauvais."
- Olympe de Gouges

L a nature est pleine d'assemblages insolites et de sons insatisfaisants. Le monde est un puzzle. La prise de conscience du penchant de l'homme pour la diversion appelle une nouvelle manière de nous enrôler dans des idéaux qui touchent aux conditions critiques de notre existence. Les maladies de l'humanité doivent être présentées avec une honnêteté pure et une compréhension psychologique aiguë. Les concepts naissent, les modèles triomphent, les hypothèses varient, les légitimités mutent. Imprégner l'univers de sagesse est une tâche ardue. Les psychédéliques aident les analphabètes à vomir des hypothèses monotones de manière contre-intuitive. Les doctrines génèrent un état émotionnel chromatique chez les poètes, bien plus contradictoire que chez les monstres déterminés à commettre des méfaits à l'échelle mondiale.

Les savants de l'ère victorienne étaient avant-gardistes quant au corps de leurs sondages. Ils n'étaient pas passionnés par l'aventure de la remise en cause des pyramides sociales. Leurs combats pour le droit de conscience de l'individu afin de résoudre les défauts accumulés de la société féodale n'avaient pas la profondeur nécessaire pour évincer les êtres mystiques et les incohérences prétendument de leur monde. Une sélection de leurs pièces a tranché le pessimisme serein de leur génération avec une éloquence troublante. Leurs œuvres, qui sont encore vénérées aujourd'hui, n'abordent pas les événements politiques spécifiques de l'époque : toutes exposent les favoritismes tordus de leur temps.

Les mouvements anticapitalistes étaient riches en personnalités exceptionnelles et en idées bouillonnantes. Les partisans des théories de l'économie politique et les sceptiques ont commencé à établir le lien surprenant entre obsession et confusion. Les contre-élites ont déchiffré les modèles et les cryptages cachés dans les psaumes de l'économie politique, ce qui a commencé à réduire l'influence du mysticisme sur le public. Il y avait des apôtres de la dialectique graduelle, les vues hégéliennes, qui étaient sûrs et certains que l'histoire était un déroulement lent et régulier du mandat humain. Les anarchistes libertaires déclaraient que toute propriété était un vol et cherchaient à désarticuler chaque articulation de l'État. Les socialistes utopiques prônaient la propriété collective des moyens de production. Les communistes se battaient pour la création de communes ou de coopératives de travail. Les discussions et les écrits frénétiques ont modifié notre hyperconscience à plus d'un titre. Les révolutionnaires ont dépeint l'église et l'État comme une seule et même institution corrompue qui n'agit pas dans l'intérêt du peuple. Les penseurs intransigeants ont juré d'identifier les forces qui contrôlent nos sentiments et de comprendre ce qui nous rend humains. Peu de choses étaient interdites. Les assauts analytiques contre le flegme de l'injustice et l'appel à la raison à la place de la révélation ont suscité la rage, au cours des siècles suivants, chez les libres penseurs du monde entier.

Le mérite de vivre dans un monde qui évolue rapidement est qu'il conteste toujours la réinstallation des idéaux, de l'encéphale à l'existant. Les colons idylliques et les classes dirigeantes de toute l'Europe ont été secoués par les spectacles horribles d'esclaves et de pauvres, battant les portes des manoirs de manière rauque, réclamant la liberté individuelle et l'égalité. Craignant la propagation d'idées radicales, les gouvernements européens ont réagi en poursuivant les leveurs d'enfer pour diffamation séditieuse et trahison. Les dirigeants coloniaux réagissent sans pitié. Ils ont rasé des villes entières. Dans l'ensemble, le problème des soulèvements réside dans l'incapacité des factions intelligentes à surmonter la prudence au bon moment. En reniflant les résultats de leur colère, on en vient à se demander si cette période n'est pas une parodie de dépassement. Elle n'a pas réussi à devenir l'âge de la raison.

La détermination robuste des bourgeois à empêcher les cliques exclues des réseaux de pouvoir de prendre l'initiative de sauver le peuple de l'exploitation n'est pas sans mérite. La faction d'une rébellion qui est la plus féroce et la plus réactive au changement, ou qui s'adapte à l'environnement, gagne tout. La réticence des voix modérées à être au centre d'un effort théâtral incite les boucaniers impitoyables à monter et à détourner habilement le dialogue social pour servir leur agenda. L'équité sociale qui couve et l'empressement du public pour des changements drastiques leur offrent une toile géante sur laquelle ils peuvent éclabousser, philosophiquement. Il existe de nombreux cas où des camarades ont condamné Dieu à mort dans leurs efforts pour devenir des humains divins. Pendant que Dieu se secouait sur la corde, les penseurs radicaux ont mis la société sens dessus dessous et l'ont ensanglantée.

Les Jacobins n'étaient pas le dernier groupe à se lancer dans une guerre d'extermination. Ils se tenaient à l'affût sur les marches des palais et poignardaient les propriétaires à leur sortie. Ils ont ensuite procédé à l'anéantissement de leurs amis et de leurs ennemis. Les mouvements socialistes et communistes qui ont réussi ont eu une aversion intense pour la dissidence. Les bolcheviks ont utilisé l'intersection spontanée de leurs pensées et ont exposé une face cachée de la beauté exquise de la nature pour séduire les masses. Leur pouvoir et leur vision ont enflé, tout comme leur appareil de méchanceté. Le fait qu'il y ait si peu de personnages de couleur parmi les intronisés au Panthéon de l'économie ne signifie pas que la maison de fous de la société, du commerce et de la politique n'est pas racialement diversifiée. À Cuba, Fidel Castro s'est accroché aux Soviétiques sous le prétexte de demander de l'aide pour installer une culture participative dans laquelle la voix des gens compte, quelle que soit leur race ou leur origine. Il a exécuté sommairement les cliques qu'il a détrônées, ce qui a été célébré. La dictature du prolétariat a violemment écrasé les oppresseurs, les exploiteurs et les capitalistes, tout comme ils l'ont fait face à la défiance de leurs collègues. Dans la plupart des esprits, les ossements de millions de Cambodgiens sont une confirmation macabre que le conflit prééminent de notre époque, collectivisme contre individualisme, a été réglé.

Les bergers et leurs mentalités de moutons, tordus dans l'impossibilisme et le stagisme de la révolution permanente, ont conduit à la mort de millions de personnes dans les révolutions et les contre-insurrections. Aucun des philosophes et des suzerains du mouvement centré sur le travail n'a jamais fait de travail manuel pour gagner sa vie ou géré une entreprise. La chose la plus difficile qu'ils aient faite manuellement avant ces essais socio-économiques macabres était d'écrire des tracts qui annonçaient leur dévouement idéologique. Les sermons hypnotiques incomplets de la succube victorienne attiraient les dupes et les psychopathes inconnus sur la même piste de danse. Le soupçon que l'ensemble de la culture capitaliste se dirige vers une catastrophe soumet encore des millions de personnes à des tyrannies ; car les imitateurs de la justice sociale sont allés trop loin pour préserver leur pouvoir politique, et l'abolition de la propriété privée a été qualifiée de stupide et d'irrationnelle. Les atrocités commises sous la bannière marxiste ont automatiquement fait du capitalisme la bonne solution pour l'humanité. La simple idée de passer de l'économie de marché à tout nouveau système est devenue un crime.

"Sous le capitalisme, l'homme exploite l'homme. Sous le communisme, c'est tout le contraire."
- John Kenneth Galbraith

Des neurones et du temps inestimables ont été gaspillés pour tenter de déterminer si la pauvreté est la polydactylie du capitalisme ou la conséquence de l'oligodactylie théorique du communisme. Certains ont pratiqué une œsophagogastroduodénoscopie sur les nations pour comprendre la richesse et ont vu un arrangement arrangeant dans les salaires. Les penseurs utopistes ont toujours été considérés comme des Don Quichotte ou des belletristes par les antihéros qui soutiennent que l'allocation des ressources en fonction des besoins ou de l'égalité n'est pas équitable. Ils cherchaient à extirper "tous les maux d'une société" en proscrivant les arrangements entre individus. Y a-t-il une différence émotionnelle claire lorsque la société choisit de ne pas aggraver la situation d'une personne et qu'aucune personne ne doit être lésée par les choix du groupe ? Ou bien, qu'en est-il lorsque chaque personne est responsable de son avenir, quoi qu'il arrive ?

Le vingtième siècle a fait sombrer le discours de la justice distributive dans un abîme d'ignorance. L'eugénisme a rendu inexistant le fossé de la raison et de la philosophie, où l'une et l'autre s'arrangeaient logiquement et prétextaient chaque problème humain. Il pourrait bien être défini par des croisades visant à annihiler les prémisses contradictoires aux principes de la théorie économique néoclassique. Tout projet social qui entre en concurrence avec les modèles des partisans du marché libre est rejeté à la hâte. Là où les vues capitalistes régnaient en maître, le lien imaginaire entre l'amélioration de la situation des pauvres et la crise du commerce et des échanges est devenu un fait. Les lumpen-intellectuels ont approuvé avec enthousiasme les comportements parasitaires des entreprises. Ils ont affiné le slogan de la gratuité en mélangeant l'amnésie monétariste et la schizophrénie du développement avec un soupçon de pragmatisme opportuniste. L'appât du gain a été élevé au rang noble de quête divine. Les tactiques d'intimidation ont été maquillées en politiques économiques. Une grande importance a été accordée à la défense des droits de propriété.

Les échos de Spoutnik One ont créé de nouveaux symboles et de nouveaux jingles dans le monde entier. Les communistes s'attaquent aux croyances capitalistes, accusant les clercs et les bourgeois de leur soif de pouvoir et de richesse. Les défenseurs subreptices de la structure de pouvoir établie étaient dépeints comme des gourous pour leur réponse complice à l'injustice sociale. Ils présentaient l'histoire du capitalisme comme une histoire d'exploitation et de débauche. Les communautés dans lesquelles les membres mettent les moyens de production dans des structures de décision collectives devraient également être tenues responsables du degré de massacre délibéré de grands groupes de personnes pour amasser un minimum de profits à long terme. Les positions communistes ont conduit à une descente aux contradictions dans les conditions réelles de changement continu. Karl Marx avait, d'une manière dialectique et matérialiste, admis la nécessité de l'égoïsme de la bourgeoisie pour le progrès social. Plus d'un siècle après la mort de Marx, Trường Chinh, un dirigeant du Parti communiste vietnamien, était d'accord avec lui. Ces concessions attribuent un sentiment de bienveillance à l'esprit animal capitaliste d'une manière sinistre.

Les syndicats ne sont rien de plus qu'une hexadactylie ulnaire capitaliste. Le capitalisme a considérablement réduit l'ancien pouvoir des confréries de travailleurs sur le commerce et les échanges. Les syndicats étaient l'héritage du sentiment des guildes par lequel les travailleurs combattaient et diminuaient leur exploitation. Au début, ils donnaient des coups de sabots aux nouvelles machines. Peu à peu, les ouvriers ont compris l'intérêt de s'unir pour négocier avec leurs employeurs et obtenir un meilleur tarif pour leurs muscles. À première vue, cette expression de l'intérêt personnel rationnel semble avoir des attributs socialistes. Il s'avère que cet effort est en fait très capitaliste, un appendice du capitalisme.

Voici la question centrale de Vishnugupt : "D'un vaurien et d'un serpent, le serpent est le meilleur des deux, car il ne mord qu'au moment où il est destiné à tuer, tandis que le premier à chaque pas." La réponse n'est jamais définitive. Les copains qui cherchent des réponses au-delà de la science et du bon sens finissent par tomber amoureux des fous et de la bêtise. Les protestataires parlent du malaise social sans indiquer les droits et les torts ou ce qui les a causés. Les âmes qui sympathisent avec le communisme devraient visiter la Corée du Nord. Les capitalistes deviennent très critiques à l'égard du marché libre. Partout dans ce panorama perplexe, les sages poursuivent une longue quête dans la même direction pour exterminer leurs ennemis idéologiques. Les antiennes de la résistance pour maintenir ce qui est essentiellement un mur de privilèges et de traditions sont chantées par les oppresseurs comme par les opprimés. Nous ne réalisons pas que le capitalisme et le communisme sont en fait des monstruosités siamoises, rejetant leurs prémisses respectives sans reconnaître le besoin du sens qu'elles fournissent.

"Je ne pense pas que vous croyez au capitalisme, ou que vous croyez au communisme ou au socialisme. Je pense que personne ne peut contester qu'[il est juste] de se battre pour une société juste et égale."
- Ong Boon Hua

Le processus de raisonnement conscient n'est pas propre à l'homo sapiens ; d'autres créatures hésitent avant de faire un bruit ou de faire quelque chose. Il existe peu d'éléments et de composés dont seuls les humains sont faits. La capacité à trouver une excuse pour un acte personnel de pure méchanceté semble être l'un d'entre eux. Pourquoi des êtres humains ordinaires conspirent pour s'organiser afin de commercer avec d'autres êtres humains, est sans doute la question la plus intrigante que l'on puisse se poser. Dans l'appréciation d'un arrangement social litigieux, le dogmatisme et la condescendance sont anesthésiants. Rien ne limite l'homme dans sa quête de phénomènes improbablement équilibrés. C'est le principe qui sous-tend les loteries, les rencontres et la religion. En regardant de près nos triomphes fictifs les plus fêtés, leur métamorphose semble improbable, pour le souvenir. Les tout premiers souvenirs que nous avons de notre existence ont à peine esquissé le territoire des choses pour lesquelles nous sommes devenus fanatiques. Notre investissement dans la contestation de ce qui détermine nos points de vue et nous a faits et défaits néglige d'aborder les bévues indispensables et les paradoxes désespérés.

Pourquoi ne sommes-nous pas devenus des humains ? Les satanistes sont beaucoup plus intéressés par ce qu'ils considèrent comme un activisme communautaire et des libertés individuelles que par l'accomplissement de rites bizarres. Les événements qui ont tourmenté l'esprit des Européens au vingtième siècle ont permis au communisme, au nazisme, au fascisme, au nationalisme, à l'impérialisme et à d'autres croyances irréfléchies de se frayer un chemin à travers le monde. Les premières erreurs de justice sociale induites par les divinités ont rendu l'Europe plus vulnérable aux événements dévastateurs. Les nababs et les monarques engageaient des conformistes qui faisaient preuve d'un degré considérable d'intelligence ou de connaissances secrètes pour violer les lois naturelles. Les torts socio-économiques existent depuis très longtemps. Les *Übermenschen* des siècles précédents étaient des analystes avisés de ces changements de paradigme, mais d'affreux prédicteurs de l'émancipation humaine. Leurs façons litigieuses de projeter les crescendos de la création et de l'existence ont trompé les concessions de la science et de l'art. Mais les dissensions sociales étaient provoquées par des esclaves de sexe et d'âge différents, qui aspiraient à devenir des hommes, avec le machisme et l'ignorance que cela implique. Personne n'a cherché à devenir humain. L'univers ne dispense guère aux sceptiques une idée plus efficace qu'un alibi psychosomatique. C'est peut-être un acte de miséricorde.

"Je suis fatigué des discussions qui ne mènent à rien. J'ai mal au cœur quand je me rappelle toutes les bonnes paroles et toutes les promesses non tenues. Il y a eu trop de discours d'hommes qui n'avaient pas le droit de parler."
- Hin-mah-too-yah-lat-kekt, Hinmatóowyalahtq̓it

Lorsque les colons espagnols s'en sont pris au frère Bartolomé De las Casas pour avoir défendu le droit à la liberté des Amérindiens, celui-ci a déclaré que les nègres constituaient une bien meilleure solution pour les travaux domestiques. L'église catholique était d'accord. L'histoire du trou de merde d'où j'ai commencé à trimballer mon humanisme a été faite de répressions, d'exploitations et de guerres civiles grandioses. J'ai été ancré dans cette réalité depuis ma naissance. Ma pérégrination a été inondée de mains pourries de zombies déprimés. Ces lentilles m'aident à remarquer les différentes formes et couleurs des injustices socio-économiques. Je n'ai aucun scrupule à dénoncer la culture nauséabonde qui déshumanise les démunis, pille une caste sociale vulnérable ou promeut la froideur envers les indigents parce que j'ai été assommé par les ricochets de la pauvreté, et pas seulement une fois. Le défi le plus omniprésent auquel l'humanité est confrontée est celui des relations humaines intrigantes et non exploitantes, parallèlement à la répartition des ressources et à la symbiose de l'expansion.

Pendant longtemps, la responsabilité et le devoir de préserver l'ordre social incombaient à l'élite, donnée par Dieu, de s'occuper des paysans et des faibles. Pour s'acquitter de leur obligation fiduciaire de financer l'opulence obsessionnelle de leurs actionnaires, les conglomérats sabrent régulièrement dans la qualité des biens et des services pour siphonner le plus d'argent possible de chacun d'entre nous. Il faut lutter avec ténacité contre l'envie d'accumuler les reproches à l'égard des financiers pour démêler les paradoxes des sorites. L'avalanche de tablettes de chocolat de toutes formes lors du congrès d'un parti vert fait ressortir une intention noble de la galanterie des membres et des contributeurs. Les bandes d'imitateurs de la justice sociale qui s'approchent et proposent des coopératives ne font rien d'autre que de désamorcer les véritables changements socio-économiques radicaux.

Il existe un consensus absolu autour de la nécessité de nouveaux concepts sociaux, commerciaux et politiques cohérents. Les coopératives et le système de plafonnement et d'échange, ou le marché et les moyens de transport communautaires rénovés en tant que nouvelle économie, ainsi que des stratégies plus douces de stockage de la richesse, gagnent du terrain. Ces actions enthousiastes contresignantes sont des farces. Le trope moderne présente de manière erronée comment et pourquoi des esprits sains d'esprit peuvent agir de manière démesurée lorsqu'il s'agit d'asservir d'autres êtres et d'accumuler des biens. Les symptômes sont des maladies manifestées, et non des indications des causes de la maladie. La désignation de boucs émissaires pour les biens et services bon marché et la prolifération de la goinfrerie dissimulent l'ampleur absolue des fissures sociales, commerciales et politiques mondiales.

L'absence de substituts enivrants aux chants œcuméniques donnant un sens à l'existence animée a provoqué une peur existentielle. La terreur de s'opposer au Deus Vult a empêché le sens moral collectif de s'aventurer de l'autre côté de la misère. La peur ridicule de générer un vide philosophique occulte le contexte critique de l'expiration de la vérité. Nous demandons un substitut avant de lâcher le mal. Les descendants idéologiques de Thomas Paine, menés par Lucifer, ont rompu les rangs avec les militants de l'autodétermination et ont pris d'assaut le donjon où Dieu était détenu, et une bataille rangée a éclaté. À la fin de la bataille, ils avaient libéré les récidivistes et décapité les idées d'égalité et de droits de l'homme et du citoyen. En signe de gratitude, Dieu aida les vainqueurs à supprimer le pouvoir d'Allah sur la servitude humaine et leur fournit des ruses pour prolonger la décadence morale européenne.

"Décide-toi, Escargot ! Tu es à moitié dans ta maison, et à moitié dehors."
- Richard Nathaniel Wright

Ce n'est pas le déclin des phobies héritées des siècles passés qui cause le désordre dans le tiers monde. Les principes fondamentaux de l'économie coloniale consistaient à exporter des matières premières non transformées et à prélever des taxes coloniales au profit de la métropole. Les communautés locales n'avaient pas leur mot à dire dans l'extraction des ressources. On investissait peu dans le bien-être social des indigènes, comme une éducation parfaitement adaptée à un sous-homme. Les anciennes colonies européennes devraient tirer leur chapeau à l'Allemagne, car elle a été présentée comme l'initiatrice des deux grands chocs de civilisations. Pendant les guerres mondiales du vingtième siècle, les grands empires européens ont dû briser toutes sortes de tabous, raciaux ou spirituels, pour leur survie nationale. Ils ont déversé des troupes de leurs jardins sur les champs de bataille et ont ordonné aux races inférieures de tuer des surhommes blancs. Les précurseurs psychologiques des événements conduisent l'avant-garde des opprimés à réclamer audacieusement le droit de s'autogouverner. Les maîtres qui se sont battus pour conserver leur liberté, qui a fourni la base du monde occidental, n'ont pas toléré les demandes de leurs colonies pour une plus grande autonomie en utilisant la même base. Les mouvements d'indépendance ont fait l'objet d'une répression sévère, et certains de leurs dirigeants ont même payé la peine extrême à la potence, tandis que beaucoup ont été emprisonnés.

Une rébellion est loin d'être la preuve d'une culture vivante et intelligente chez les opprimés. Lorsque les anciennes colonies ont obtenu le contrôle de moyens auxquels elles n'avaient pas accès auparavant, elles ont adopté les politiques commerciales et d'échanges des anciens maîtres avec peu d'attention. Elles ont remonté leurs énormes courbes dans les mêmes corsets victoriens. Le système commercial adopté, basé sur la notion extrinsèque de colonisation des Races Martiales et des Races Guerrières, et la protection sociale ont généré ce que leurs politiciens ont vu comme un tas de fonds non marqués, faciles à détourner. Leurs classes dirigeantes fraîchement moulées se sont octroyées le droit à un style de vie garanti par un ensemble étendu de variations de la servitude humaine. Le principe de la richesse doit être obtenu et préservé par le biais de *Septem Peccata Mortalia*, mais n'empêchait pas certains membres de l'élite d'être victimes du privilège qu'ils pratiquaient.

Pendant la guerre froide, les nouveaux concepts n'ont pas pu s'épanouir dans les pays non alignés, même si le mouvement a été comblé par tous les universitaires de l'époque. Les moralités du communisme et du socialisme suscitaient la dévotion des héros nationaux crédules du tiers monde. Elles ont également accru l'appétit des caïmans. Les élites des nations naissantes, qui crachaient des vers pittoresques, étaient des signes inquiétants d'inquiétude mentale. Leur chef d'orchestre immergeait leur sens mégalomaniaque de leur propre destin dans des principes directeurs. Peu de temps après, les relations entre l'élite et les masses ont tourné au vinaigre. Un aperçu des attitudes rapaces des nations non-alignées envers les âmes inoffensives et bienveillantes baignant dans un océan d'inconscience délirante a maintenu chaque coin sombre du monde dans l'obscurité - ou devrais-je être gentil et dire, au moins en partie. La brutalité coloniale inhérente a conduit ce bloc à un autre genre de génocides sociaux, commerciaux et politiques sans fin.

Les dialogues entre les lutins des pays en développement sont encadrés par leur insistance bornée sur les doctrines traditionnelles importées de l'Occident. Dans ces régions du monde, les centres d'enseignement supérieur se remplissent régulièrement d'adeptes de divers ordres pour lesquels les sources philosophiques sont isolées de leurs contextes sociaux. Le statut d'aficionado n'est accordé que par une obéissance absolue aux sages racistes du côté le plus aisé du globe. Afin de conserver ou d'améliorer ce prestige, les académiciens diffusent avec empressement des concepts et des systèmes de croyance dépassés, fabriqués à partir du portrait colonial des peuples indigènes en tant que barbares et des efforts européens pour s'emparer des terres indigènes. Les injustices profondément ancrées dans leur "vérité" fallacieuse ont continué à être diffusées sans relâche tout au long du vingtième siècle. Le fait que des criminels et des conglomérats étrangers exercent une grande influence sur une bande myope et extrêmement rapace qui décide des affaires internes des nations vacillantes est un signe de l'acuité décentrée des autochtones. Pour les moralistes autochtones, c'est une chose d'être écarté de l'histoire par les colonisateurs, mais c'en est une autre lorsque des personnes avec lesquelles ils ont beaucoup de choses en commun ne tiennent pas compte de leur ton sans faille dans les discours locaux ou mondiaux. Le message est que seuls les verdicts des Caucasiens comptent.

Les croisés qui ont l'intention de sauver les régions merdiques du monde s'appuient sur leurs privilèges pour concevoir des manœuvres sociales. Les bienfaiteurs se plongent dans des spéculations sophistiquées sur les origines du désespoir des pays en développement sans reconnaître l'agonie de leur propre cour. Ils s'intéressent à la création et à la mise en œuvre d'injustices selon des processus équitables. L'asymétrie de leur point de vue est le résultat de la forte propension de leur esprit à déprécier les autres cultures. Leur ignorance de la réalité historique, en particulier de tout ce qui se trouve en dehors de la petite bulle géographique que les mouvements de justice sociale prétendent transformer, est la plus importante de toutes leurs faiblesses.

Même s'il perd sa légitimité aux yeux et dans le cœur des légions croissantes de personnes désorientées, le marché libre parvient encore à faire en sorte que la convention prédateur-proie semble durable. Nous avons tous perdu le goût pur du bonheur de la vie. On pourrait supposer que les symptômes socio-économiques exposés rendent visible ce qui doit être fait. Il y a une sombre constellation de prétextes qui vacillent en matière de justice sociale. Nous continuons à croire aux rôles attribués aux classes sociales dans le livret du XVIIIe siècle, comme si les intervalles de temps déterminaient la récurrence des expériences. L'assentiment de la classe ouvrière capitaliste est hérité des propriétés des préjugés et de la servilité du mercantilisme. Le fait de se démener jour après jour tout en restant enraciné dans la pauvreté provoque un rétrécissement de la sagesse et des spasmes involontaires de colère. La méditation pourrait refroidir l'auto-esclave, mais elle ne constitue pas un remède à la condition morale et physique. L'écosystème social et politique est important.

L'incapacité des maharishis de l'économie hétérodoxe et de leurs disciples à s'attaquer de manière adéquate aux pertes des pays développés fait de la crise financière une condition normale du commerce mondial. Les mélodies du commerce et des échanges modernes sont réglées sur deux rythmes esculents : continuer à rafistoler le capitalisme ou ressusciter le communisme. La première option est celle que nous avons actuellement : les argentiers nous conduisent au bord de la falaise. La deuxième option, qui consiste à endurer des vagues de sadisme, est en train d'être snobée, contestée et rejetée. Le monde devrait se diriger vers la troisième option, et penser à quelque chose de nouveau. Mais ce n'est pas le cas ! Alors que dans l'hémisphère occidental, les solons se font plaisir entre eux derrière les murs des baraquements universitaires, le reste du monde évite d'affronter la désagréable vérité : nous devrions mettre à la poubelle tout le système et essayer quelque chose de nouveau, par nous-mêmes. Nous ne savons pas par où commencer.

"L'écriture n'est pas un maître d'œuvre facile. Les phrases laissées inachevées ne continuent jamais aussi bien qu'elles avaient commencé. De nouvelles idées font plier l'arc principal du texte, et il ne tient plus jamais parfaitement debout."
- Magda Szabó

La scolastique primitive n'avait qu'une seule excuse non-mondaine pour les phénomènes. Presque sans exception, les mouvements étaient dictés par des divinités. Les constructions sociales font de la passion rien de plus qu'un test de mœurs. Les contrats psychologiques sont responsables du déversement de doctrines corrosives dans le domaine de la sagesse, ou de la vilenie de l'intelligentsia. Les zones de détresse émettent des sons audibles de loin. L'agonie piège une société entière dans une longue période de comportements irrationnels. Lorsque la bonne combinaison de bruits organisés et de scallywags est ajoutée dans la boucle, les dogmes prennent le pas sur la logique pour désamorcer le fléau et l'injustice. Le souvenir agrégé de l'humanité offre une porte de sortie floue. Les théoriciens nous font tomber amoureux des extensions de revendications rouillées. Les mantras fabriqués à partir d'étrons ont déplacé la juridiction du destin humain entre les doctrines et le mysticisme. L'étape initiale et l'ambiance comptent pour saisir la nuance et le ton des rituels durables.

Il faut un ensemble particulier de circonstances pour que la réalité fasse disparaître la vindicte de l'intellectuel. La vision de l'avenir de l'humanité de la plupart des idéalistes trop confiants est un condensé de leur excentricité. Les personnalités exceptionnelles qui possèdent un flair pour le changement de paradigme font traditionnellement partie des plateformes révolutionnaires. Ils apportent les changements les plus profonds à la condition humaine, pour le meilleur ou pour le pire, en observant attentivement la douleur ou la joie de quelqu'un d'autre, généralement sur une certaine période. Certains dissidents semblent avoir passé une série de vies à harceler les états cataleptiques d'hypnotisme de la société. Leur engagement total en faveur de l'éveil des attributs inhérents de l'être humain, responsable des décisions prises individuellement ou en tant que troupeau, est louable.

"Was ist Aufklärung" ? Nous sommes à l'ère des enquêtes pointues portant uniquement sur les tabous que les hommes blancs ont choisi d'affronter. Les réalisations scientifiques de l'ère victorienne ont occulté l'idée d'un univers régi par des lois physiques et non par la providence divine. Les mythes de la nature ont été discrédités, l'un après l'autre, plus rapidement que jamais auparavant. Le raisonnement a gagné des bases substantielles dans l'esprit et l'âme du commun des mortels. Des romanciers, des critiques et des poètes impulsifs ont fait table rase de ce que signifie être humain. En ce qui concerne le sexe, l'esclavage et l'impérialisme, ils ont presque tous puisé dans le surnaturel pour disculper leurs idiosyncrasies. À la même époque, on ne concoctait pas d'injustice digne de ce nom dans d'autres parties du monde : c'est une affirmation grotesque. D'autres sociétés ont mis en place des systèmes de traite des esclaves des siècles avant l'arrivée des explorateurs, conquistadores et missionnaires européens. Les prêtres lectoraux n'ont pas déployé des efforts brobdingues pour rationaliser l'horrible sybaritisme dont jouissait l'élite.

Les théories ne révèlent pas la dynamique qui sous-tend ce changement philosophique. Le postulat fondamental de l'économie, à savoir que les incitations influencent le comportement humain, ne se préoccupe pas de savoir s'il est possible d'évaluer les conséquences du verdict de manière appropriée. Les économistes hétérodoxes qui tentent d'élever la rationalité au rang de principe moral font preuve d'une rhétorique clignotante. Il leur faut du temps avant de se laisser emporter par leur colère et de péter les plombs. Lorsque cela se produit, ils se mettent à hurler de rage et continuent à répéter les mêmes choses encore et encore. Les comportements enfantins des mécontents enhardissent les partisans du libre-échange à rôder comme des bêtes rugissantes à la recherche de quelqu'un à dévorer. Les idées radicales qui suscitent la peur et menacent les principaux facteurs d'injustice sociale avec des variations monotones finissent par avoir un faible impact sur l'univers. Les complexes ne parviendront jamais à invalider le type d'idées fausses, délicatement calibrées, qui avaient donné aux économistes leur prestige et leur raison d'être.

Depuis la révolution industrielle, un mal, l'esclavage, a été remplacé (ou du moins égalé) par un autre : l'indigence. Nous sommes unanimes pour démolir la pauvreté. Lorsqu'il s'agit de savoir comment y parvenir, l'acceptabilité culturelle de l'inégalité est considérée comme nécessaire pour tous, afin d'ouvrir la voie à une meilleure évolution humaine. Le désir d'imposer un mécanisme pour un niveau de vie universel décent est tellement dépassé. Les traumatismes artificiels empêchent les gens honnêtes d'avoir des pensées positives. Le substrat commun est resté le même tout au long de l'histoire humaine dans les esprits désorientés. L'économie politique est devenue un gouffre à pensées et à passions. Des hybrides d'idiotie et de préjugés se nourrissent de l'académie dans des expériences récursives et synthétisées. Chaque génération va plus loin, en sophistiquant la folie, que les générations qui la précèdent. Les voix radicales historiquement prédominantes auraient obtenu un meilleur traitement dans les livres d'histoire si elles n'avaient pas pris quelques z's ou si elles n'avaient pas eu recours à un saut dans une piscine d'hydrothérapie au plus fort de leurs éruptions de fureur.

"Ne cherchez pas à suivre les traces des sages. Cherchez ce qu'ils ont cherché."
- Matsuo Chūemon Munefusa

Pourquoi les tourments actuels de la société, du commerce, des échanges et de la politique ne naissent-ils pas de dissensions dans les rangs des travailleurs, au lieu d'un véritable conflit de classes ? Des ambitions et des fascinations dangereuses ont fait naître le monde tel que nous le connaissons de manière très obscure. Dans la mythologie grecque, Sisyphe a été condamné, pour ses tromperies, à faire rouler un énorme rocher en haut d'une colline, pour le voir ensuite rouler plus vite en bas de la colline, afin de répéter cet exploit laborieux et futile pour l'éternité. Le débat sur les critères d'attribution de la compassion irrite les rêveurs et les chercheurs de vérité depuis que les humains ont décidé d'être infinis. Lorsque le surnaturel a cessé d'être la source de principes et de critères permettant de déterminer la répartition des ressources entre les hommes, les êtres surhumains ont cherché à décrypter les forces complexes qui régissent la vie quotidienne. Ils ont spéculé et contesté le fait que des principes tels que le besoin, l'égalité, la compensation et la contribution soient indépendants les uns des autres ou puissent être combinés. Il est réconfortant de considérer les théoriciens influents de l'époque comme des figures imposantes qui nous regardent d'un air sévère. Leur quête chimérique a conduit leur corps à un isolement poignant et leur esprit à des excès. Nous en venons à penser que la bravoure donne aux gens l'excuse de façonner individuellement le sens de leur vie.

Il est difficile pour la plupart d'entre eux d'articuler, d'exprimer leurs sentiments les plus intimes en utilisant les termes appropriés. Mettre en avant des idées audacieuses sans chercher à comprendre ce qui a provoqué les hallucinations dans le contexte de l'espace et du temps diffuse les insécurités des théoriciens, et les tragédies personnelles sont complètement ridicules. Mais c'est ce que mon contemporain fait tout le temps. Un bon auditeur prête attention aux mots et au comportement de son interlocuteur, au temps et à l'espace, ainsi qu'aux variations de ton de sa voix, afin de saisir ce que les gens veulent dire plutôt que dire. La cause profonde des indignations passées est toujours présente parmi nous, ce qui rend l'objectif intimidant réalisable. La mélancolie mondiale nous offre une raison et la compassion nous expose une issue. Un badge académique convoité est l'excuse appropriée pour fermer l'empathie envers les moins fortunés. Alors que certains se voient comme des héros, pour les maîtres, ils sont simplement des types utiles. Même si nous devenons des êtres plus compatissants, les récompenses idéologiques de l'individualisme maintiennent notre attention sur notre examen de conscience.

Nous ne voyons pas nos ombres lorsque nous nous regardons dans le miroir. Le berceau de notre conscience collective réside dans les fixations humaines sur l'estimation extatique de possibilités imminentes. Cette disposition confine les pensées à un endroit où il est difficile de rassembler de la compassion pour les mots à l'ombre des préjugés et des humiliations. La réputation de l'économie néoclassique a quelque peu décliné. Les réalités du monde réel ont interféré dans le processus ordonné de reconnaissance et d'onction de l'ensemble du champ économique. Les régimes n'ont plus besoin d'invoquer un droit divin pour être légitimes. Des concepts cohérents émergent sans référence à Dieu. L'opium du peuple, comme Marx appelait la religion, a perdu de sa puissance par le désir généralisé de mieux nous comprendre. Pour élaborer une vague approbation de l'anormalité éclairante, nous nous entêtons à extraire de nos incubateurs les idéaux instanciés pour approfondir la compétence de nos phantasmes. De plus, cette manie est prolongée par le désir d'immortaliser chaque éclat de brillance.

Plus que jamais, l'hémisphère nord-est est aujourd'hui surdéveloppé avec des émotions primitives, et le reste du monde est à l'opposé. L'obséquiosité du tiers monde n'a cessé de renforcer la primauté du marché libre. Les rues déprimantes de l'hémisphère sud ont été dépeintes comme la conséquence d'un despotisme grandiose, de l'exploitation et des guerres civiles. Les praticiens néoclassiques occidentaux n'ont jamais été tenus pour responsables des réformes imposées aux pays sombres. Ces hommes, femmes et adolescents blancs continuent d'utiliser les anciennes colonies comme terrain d'essai pour des idées trop radicales pour être appliquées chez eux. Contrairement aux croyances populaires des

Tirailleurs Indochinois et des Tirailleurs Sénégalais modernes, l'expansion socio-économique ne se traduit pas par la paix. Si nous pouvons tirer une leçon de la Première et de la Deuxième Guerre mondiale, des guerres civiles des nations africaines, des remous dans chaque coin de l'Est et du racisme, c'est que la paix succombe aux caprices ou aux fiasco socio-économiques.

Le blanchiment des récifs coralliens, les campagnes de terreur de la Mara Salvatrucha dans le Triangle du Nord, l'Abakua, la grande famine chinoise sont autant de conséquences des défauts de la scintillation sociale, commerciale et politique. À quoi bon parler de sauver l'écosystème sans s'attaquer à la justice sociale ? Les paris solidaires ont abordé la racine des injustices de manière très franche. L'association du terme "anarchie" avec le chaos a fait de l'absence d'autorité notre phobie collective. L'histoire montre que les murs frontaliers ne séparent que les pauvres, et que les accords commerciaux renforcent l'emprise des riches sur les interfaces commerciales. Les principes sociaux, commerciaux et politiques des siècles précédents (comme le catéchisme des marxistes), dans leurs cadres théoriques, se sont mis en travers du chemin. Il faut relever des défis considérables lorsqu'on tente de reconstruire des interprétations plausibles de systèmes de pensée anciens pour rester conscient des dangers inhérents à l'utilisation de la réalité actuelle pour comprendre des attitudes anciennes. Les prospecteurs doivent adopter une approche inductive pour pénétrer profondément dans les capillaires de l'état caché actuel.

Au milieu du XXIe siècle, on a assisté à un renouveau, à une croissance et à une attitude sceptique à l'égard des prémisses acceptées du capitalisme. C'était une période incroyablement fascinante de l'histoire pour les voyeurs et autres êtres médiocres qui apprécient les bouffées soudaines d'angoisse collective humaine. Les explorateurs de la justice distributive, les individus, ont cherché à modifier positivement l'expérience humaine et à cesser d'amalgamer inégalité et pauvreté. Ensuite, les propagandistes capitalistes ont intégré les fables les plus récentes et les ruses les plus actuelles pour prévenir et atténuer les risques de mutinerie idéologique. Le défi pour un procureur de convaincre les cyniques et le jury paniqué ne résidait pas dans la puissance de l'argument final. Les militants ont été trompés par l'attrait émotionnel d'autres dogmes et ont perdu la cause de la fin du capitalisme à cause de leurs pulsions prématurées.

Comme nous sommes tous interconnectés, la dignité ne devrait pas perdre de son importance. Il y a eu beaucoup de redondance économique et philosophique dans la tentative de fabriquer un substitut complémentaire au capitalisme. Se lancer dans la critique et l'attaque du malaise actuel n'apporte rien de bon. Lorsque les gens sont à l'agonie, ils finissent par essayer d'organiser les bruits au lieu de prêter attention au signal. C'est alors que les émotions prennent le pas sur la logique et désarticulent l'argument raisonnable de la justice sociale. Les ennemis du libre marché ont cherché activement à provoquer un changement critique. Il existe une petite variation dans les voix qui s'élèvent contre l'injustice sociale, commerciale et politique. Ils ont lutté contre la question de la richesse et de la justice et continuent de ne pas y parvenir. Ils n'apportent rien de nouveau ou d'important à la table, si ce n'est de beaux tableaux et des graphiques colorés. Leurs ratés intensifient les bruits. L'invalidation des émotions n'a conduit qu'à une réassurance fatale que toutes les serrures et tous les boulons se ressemblent, au bon endroit.

Dans une société où les méthodes machiavéliques pour s'enrichir ou pour resserrer l'ordre social sont considérées comme une aide à l'amélioration de la seule espèce survivante du genre homo (ou une contribution à l'union), toute véritable expérience de justice sociale est condamnée. Les efforts continus des aventuriers pour atteindre l'honnêteté intellectuelle afin d'apporter une révolution totale (plutôt qu'une simple réforme) devraient plonger dans notre inconscient collectif. Nous avons échangé notre besoin d'un tas de choses contre notre désir d'un tas de choses. Nous sacrifions à notre disparition en abrutissant la demande d'une vie digne. Tout a le goût du poulet - ou, plus simplement, de rien : nous ne nous souvenons même pas du goût du poulet.

Une conviction anticapitalisme ne peut être renversée sans une vision aiguë. Le contexte social est important pour saisir la nuance et le ton de traditions de longue date. La ressource la plus critique et la plus exploitée au XXIe siècle est la créativité humaine. Elle est, à la fois, extemporanée et infinie. Une phrase inachevée peut être revitalisée pour paralyser le spectre qui hante le monde.

Pénitence !!!

Aujourd'hui, vous avez à nouveau souri
purement,
et dit que vous avez triplé vos efforts,
mais je n'envie pas votre réussite,
je peux faire encore mieux,
mais j'aime votre sourire.
Pourquoi est-elle si pure ?
- Cho Ki-chon

Les innovations sociales et les réamendements
commerciaux n'ont pas réussi à combler le fossé entre
le déplorable état actuel et l'incroyable état qui devrait
être.

Chapitre VII

Histoire d'amour tragique

"Les aspirations des peuples colonisés et asservis sont partout les mêmes ; leur sort aussi est le même."
- Patrice Emery Lumumba

Les humains ont-ils créé Ahura Mazda, ou Dieu a-t-il créé les humains ? La réponse n'a d'importance que pour les créatures pathétiques. La partie la plus ancienne de Jérusalem est un miroir qui dépeint l'illusion centrale de notre époque. Diviser les quartiers par religion pour préserver strictement des frontières et des lois invalides crée des mondes si proches et pourtant si éloignés les uns des autres. A partir de là, des prises de position radicales issues de sophismes religieux et séculaires ont fermé, pour tous, les couloirs de l'humour et du bon sens et ouvert la porte dorée de l'égocentrisme et de l'intolérance. Franchir sur la pointe des pieds toutes les lignes de démarcation de la vieille Jérusalem écrase la logique de ce à quoi des milliards d'âmes se sont agenouillées.

La pauvreté déclenche la confusion et la perte d'activité mentale. Les difficultés paralysent la capacité de trier les présomptions et les illusions. L'étiquetage de l'autre a une histoire controversée, pour les populations vulnérables. La défiguration sociale fait disparaître les stimuli des émotions dans l'ombre et motive le cynisme jusqu'à ce que la compassion des pauvres envers les autres pauvres décline progressivement en apathie. La rivière Dajabón n'est qu'un autre musée rempli de chefs d'œuvre réalisés par les pauvres avec le sang d'autres pauvres. Les perdants de la loterie de la naissance téléportés au pays de l'espoir et de la gloire, dans lequel ils peuvent être tout ce qu'ils veulent être, s'en tiennent généralement à leur construction sociale initiale nauséabonde et à leur fantasme spirituel.

Il est en effet décourageant que les Blancs de Butte, dans le Montana, aux États-Unis, pensent qu'ils sont mieux lotis que les brownies de Potosi, en Bolivie. Les gangs d'opprimés saisissent avec sadisme toutes les opportunités du secteur du tourisme de la pauvreté pour transformer les réalités socio-économiques et sanitaires atroces et humiliantes de millions de personnes en un tas d'argent. La particularité universelle des hominidés est pleine de vecteurs pointant dans toutes les directions possibles. La prédominance de points disgracieux dans l'histoire du développement de la société atteste de la persistance de la décadence morale. La conscience collective capricieuse accorde son indulgence à ceux qui sont complices de manœuvres infâmes plus importantes qu'un simple vol. Ainsi, de la même manière que certaines drogues ou religions rendent les humains stupides et fous, les hommes sont rendus ternes et impassibles par les délires capitalistes.

Dans tout Sadr City à Bagdad, en Irak, la misère a un arôme et une teneur inhabituels, encore plus qu'à Strawberry Mansion, à Philadelphie, aux États-Unis. Une quantité ridicule d'énergie pourrait permettre d'améliorer sensiblement le stock des idéaux minables de liberté, d'égalité et de fraternité. La solidarité restera inerte ou pleine de bévues tant que l'on n'aura pas nourri des pensées attachant une importance primordiale aux humains. L'inégalité est proclamée comme un contrefort contre l'effondrement social par les marginaux et la frange lunatique des riches. Les murmures sur l'inégalité ne retiennent guère l'attention du public, car ceux qui sont lésés par l'injustice s'entre-déchirent avec constance et diligence.

Dans l'Europe médiévale, une grande partie du pouvoir coercitif de l'aristocratie s'est affaiblie. Les attitudes héritées de l'ordre féodal n'ont pas substantiellement changé. Une insurrection est loin d'être la preuve d'une culture vivante et intelligente chez les opprimés. Lorsque les anciennes colonies ont obtenu le contrôle de moyens auxquels elles n'avaient pas accès auparavant, leurs classes dirigeantes fraîchement formées se sont octroyé le droit à un style de vie garanti par un ensemble étendu de variations de la servitude humaine. Les sourires des savants eunuques annulent les effets indiquant que l'injustice est le principal coupable de la pauvreté. Dans une poche de résistance anticapitaliste, l'élite impose des restrictions dérisoires aux argentiers tout en écrasant les idéaux du prolétariat. Les pauvres sont conscients de cette inégalité sociale et politique, mais perçoivent leur position comme naturelle.

Vous pouvez également remarquer qu'après avoir gagné un peu d'argent, les gens du bas de la pyramide sociale et politique deviennent légers, joyeux et enclins à danser et à chanter. Une petite quantité d'argent a le grand pouvoir de rendre une personne chaste lascive ou un individu timide confiant en déformant simplement un point de vue particulier du cycle de la vie. Tel est le beau secret du capitalisme, même si, bien sûr, il est dissimulé sous un tas de sophismes. L'exquisité, la pauvreté, la méchanceté, la froideur sont autant de facettes.

On dit que les civilisations sauvages sont hostiles à la justice alors même qu'elles l'ignorent. Il est douteux que cette fausse considération ne soit pas un jour très demandée, surtout si l'on considère sa large utilité pour les conglomérats et les innombrables pauvretés que la colère apporte aux pauvres. Les pauvres sont entichés du commerce moderne dominant et des croyances commerciales. En général, ceux qui sont au bas de l'échelle connaissent peu l'apogée des arrangements sociaux, commerciaux et politiques. Ils ne croient pas non plus que le marché libre puisse faire autre chose que de les maintenir dans la pauvreté. Il n'y a pas de cause de mort plus importante que le désespoir.

Là où le narcissisme et l'égoïsme sont les traits de caractère les plus estimés, et où la main forte est admirée, les thèmes des débats n'ont d'autre ingrédient que l'obéissance et la politique. Après avoir disséqué la perception de la justice distributive et de la justice procédurale et leur relation avec la machine des régimes despotiques du XXIe siècle, on peut en déduire qu'il n'y a plus de dictateurs. La dictature a été remplacée par un césarisme immature : un système dans lequel chacun des dominateurs et des étouffés tient à son rôle et à son rang et respecte le scénario. L'allégeance et la délinquance morale sont liées aux fantasmes spirituels et à l'appartenance ethnique ou de classe. Les vassaux refuseraient tout simplement d'admettre l'échec de leurs seigneurs, qu'ils soutiennent aveuglément jusqu'à la tombe. Hélas, la dévotion à la folie prend le pas sur l'intérêt collectif national de progrès social. Souvent, lorsqu'un des vassaux est à court d'arguments qu'il est là pour convaincre avec la persistance de son vis à vis, l'insulte devient l'arme de déstabilisation privilégiée.

"Pourquoi quelque chose qui construit les humains par le commerce et les échanges détruit-il maintenant l'humanité ?".
- George Washington Carver

Le capitalisme a fait de l'humanité des rêveurs et a adorer le pire de l'homme jusqu'à ce que la vérité disparaisse. Il a enfermé dans une étreinte fatale le bénéfice social et la disparition de l'écosystème, l'activisme et le radicalisme, les aspirations et les traumatismes. La condescendance exaspérante a généré plus d'aumônes pour les pauvres que toutes les vertus réunies. Les serfs et les esclaves se sont battus pour obtenir l'autodétermination des propriétaires terriens. Les lumpen-intellectuels cautionnent l'avarice débridée des riches et le matérialisme appauvri, enthousiasment les adolescents du tiers monde et sont subventionnés par les États riches. La mélodie dominante du monde moderne, chantée depuis le couloir mystique de la corne d'abondance, dépeint le bien-être social comme un fardeau pour les seuls riches. La brutalité physique et psychologique de la pauvreté n'a pas encore mis à l'épreuve nos liens de loyauté envers les croyances spirituelles.

L'humanité a conçu des fantasmes à plusieurs niveaux pour faire face aux injustices sociales. Les concoctions de ruses religieuses et de méthodes scientifiques sont devenues plus raffinées avec des ornements cérébraux impressionnants. Des lumpen-intellectuels, des politiciens et des ecclésiastiques déifiés nous éblouissent avec des solutions chimériques aux problèmes sociaux. Le public sort ses revolvers et commence à tirer sur les libérateurs et les protecteurs autoproclamés qui révèlent accidentellement leurs pieds d'argile. Pourquoi aucune civilisation n'a-t-elle protesté contre l'état général de l'intellectualisme et de la spiritualité en même temps ? Les critiques mondiales du double standard ne mettent pas suffisamment en évidence la source de l'hypocrisie et des préjugés.

Pourquoi sommes-nous malheureux ? Notre mode par défaut est de ruminer excessivement des histoires autobiographiques. Les graphiques deviennent des actes insidieux de transgression. Nous ne sommes probablement plus convaincus par les récits d'antan qui présentaient les injustices sociales comme des catastrophes naturelles. Les autoportraits de l'humanité dépeignent un isolement et un désespoir généralisés. Nous nous sentons piégés dans un cadre vide. Les émotions de l'humanité ont été coupées, et tout ce que nous utilisions habituellement pour entrer en contact avec le monde extérieur nous a été retiré. Le capitalisme nous plonge dans un monde inquiétant. Derrière la façade de la concurrence et l'hymne du capitalisme, à l'exception de quelques-uns d'entre nous, nous sommes tous vulnérables et abandonnés. Certains esprits ont su capter l'humeur agitée et angoissée de la planète. Le réseau informatique mondial fournit des informations variées et rend difficile de nier que le monde entier est en pleine crise.

Les enquêtes sur l'injustice sociale ou les dialogues sur les constructions éthiques et sociales du pouvoir et des privilèges sont onéreux. Le défi consiste à s'approcher de ce qu'elle est et de la façon dont elle est perçue par ceux qui en font l'expérience. L'ésotérisme de l'économie dominante a rendu l'enquête, l'interprétation et l'explication socio-économiques principalement de nature herméneutique. Dans l'étude des populations des régions les plus merdiques du globe, il n'y a que peu ou pas de tentative de donner un sens à la misère et au désespoir des personnes qui en font l'expérience. L'essentiel des objectifs des prospecteurs anthropologiques et sociologiques réside dans la recherche de la généralisation des résultats pour les appliquer à un plus grand groupe de personnes. L'arrogance scolaire occidentale et le dévouement oriental à un pouvoir de contrôle surhumain figent un torrent de conscience lorsqu'il s'agit de parties délabrées du monde.

Démystifier les causes des injustices sociales est l'entreprise la plus noble que l'on puisse entreprendre, mais c'est aussi le terrain le plus déserté. La créativité transcende les frontières culturelles, non pas de manière métaphorique, mais en termes réels. Nous perdons du temps et de l'énergie à tenter de démêler le capitalisme en tant qu'appellation erronée, alors que le capitalisme en tant que monstre nous fait avaler des balivernes. Les modèles de vie actuels sont très différents du contexte social et politique anglais du monde victorien. Génétiquement, nous n'avons pas beaucoup changé. Épigénétiquement ? C'est une autre histoire.

Le capitalisme a fait son temps. Le noyau du capitalisme réside dans le désespoir humain basé sur la productivité de masse, et non dans la créativité de masse ou la durabilité. L'arrangement barbare du commerce et de l'échange est toujours la méthode la plus dynamique pour la coercition de la volonté et l'asphyxie du bon sens, qui n'a aucune pertinence dans l'existence récente. Tout en maintenant une linéarité endurable et mortifiante pour le niveau de vie commun, les récents instruments financiers et médiatiques ont permis aux coupables d'accroître leur richesse et leur sphère d'influence de manière exponentielle. Rien n'est plus remarquable que l'angoisse d'une genèse. Hélas, l'histoire du capitalisme ne produit que plus de chaleur que de colère.

"Il semble que le sort inévitable de l'homme soit de ne jamais atteindre la liberté complète : les princes tendent partout au despotisme et le peuple à la servitude."
- Jean-Paul Marat

La vie consiste à vivre en se réfugiant dans l'étude des secrets cachés de la nature, et non à l'aide de livres.

Après avoir consacré la meilleure partie d'une existence à plonger dans le pire de ce que les différentes civilisations ont à offrir, et en compagnie d'êtres astucieux et de dons judicieux, je suis arrivé à cette conclusion mélancolique : le cœur des surhommes est fixé soit sur des projets narcissiques, soit sur l'accumulation de richesses par tous les moyens. Plus on boit à l'immense source de la connaissance, plus la soif augmente douloureusement. Il faut nier l'existence même du remède à l'envie irrésistible d'être possédé, au moins une fois dans sa vie, par la compassion. De même, les opiacés ne sont pas des remèdes pour améliorer les conditions générales des esprits médiocres ou empêcher l'ascension de la haine vers les cerveaux privilégiés.

D'innombrables questions ne sont pas comprises, mais on pense qu'elles sont passablement résolues. Les sages du XVIIIe siècle déploraient l'ingérence des régimes, rendue possible par des dogmes erronés. C'était une asymptote. L'édit de Nantes reconnaissait la liberté de conscience et non la liberté d'expression. Les croyances et les rituels codifiés étaient un moyen de neutraliser les idées considérées comme une menace potentielle pour la tyrannie de l'État et l'ordre sacré. Les paiements en espèces rénovaient le lien Colonus-colonat. Le féodalisme, puis le mercantilisme, ont suscité les afflictions sociales psychosomatiques nécessaires à la prolifération des vues capitalistes. Les Voyagers sont passés du statut de gardiens de registres de phénomènes sociaux et de pilleurs de tombes à celui de personnes impliquées dans l'achat, la relocalisation et la vente d'êtres humains. Les échos des cimetières de la révolution industrielle stimulent les fantasmes.

La doctrine calviniste de la prédestination insinue délicatement que la fortune est un signe de vertu. Leur perception litigieuse de la richesse a progressivement érodé le stigmate que l'influente Église catholique avait attaché à l'extorsion. L'accumulation de richesses s'accompagne d'une grande variation dans la consolidation du pouvoir. Les argentiers percolent à travers des concepts méprisables sous les auspices des politiciens et des lumpen-intellectuels. On attribue au laissez-moi faire la chute de l'influence des monarques sur la société, le commerce et les échanges, ainsi que la politique qui met en place un capitalisme de base. Une série d'exploits du Parlement britannique, les *Inclosure Acts* adoptés entre 1750 et 1860, ont supprimé les droits antérieurs des populations locales dans les zones rurales et les ont chassées. Les terres saisies par ces lois ont ensuite été regroupées et données à des agriculteurs liés à la politique. La France a été le premier pays d'Europe à avoir la justification idéologique et rhétorique du marché libre. Dans d'autres parties du monde occidental, les manœuvres avaient des ballades différentes avec les mêmes résultats de pousser les hommes, les femmes et les enfants démunis dans la poigne ferme des argentiers.

La cohésion globale est perpétuellement enveloppée dans une couverture d'histoires apocryphes. Pour le meilleur ou pour le pire, la prolifération de concepts non autochtones sépare les communautés de leur équilibre naturel. Les graines de la foi dans le capitalisme sont semées au plus profond de sa progression historique mystifiée. Les apôtres du laissez-faire ont à plusieurs reprises nié ou rejeté les contradictions maximales entre la théorie et la pratique, et ont tenté de nous faire sortir de cette zone. Le laissez-faire d'Adam Smith signifiait qu'il n'y avait pas besoin de chaperon dans le commerce et les échanges. Bernard Mandeville avait foi dans les efforts de laisser-faire adéquatement canalisés par les fonctionnaires. L'essai de théoriciens tels que Sir James Stuart, Johann Heinrich Gottlob Justi, François de Salignac de la Mothe-Fénelon et Charles-Louis de Secondat met en évidence le cadre social de l'Europe du début de l'ère moderne. Leurs arguments globaux reconnaissaient l'inviolabilité de la propriété privée comme moyen de créer de la richesse de toutes les manières imaginables.

Plus nous nous rapprochons du XVIIIe siècle, plus nous nous convainquons de leur véhémence à réfuter les droits de naissance discriminatoires qui déterminent les positions de négociation individuelles et collectives. Au contraire, ils avaient la témérité de croire que se battre pour le règne du principe d'une seule personne, et tout ce qu'il implique, était une chose quintessentiellement savante à faire. Ils faisaient signe aux martinets brutaux d'harmoniser la rapacité des argentiers et de démolir le pouvoir des guildes locales. Elles étaient le meilleur et le plus brillant contingent pro-capitalisme qui a trouvé des arguments érudits pour justifier pourquoi les argentiers avaient le droit de faire ce qu'ils voulaient. Aujourd'hui, les lasses-faire brodent l'optimisme du bien public du XVIIIe siècle sur la poursuite sans entrave du gain individuel.

Si vous ne pouvez pas résister à la tentation d'être un connard, le capitalisme présente l'acédie comme un trait de noblesse essentiel à la grandeur. Il s'agit davantage d'un vieil arrangement social visant à renforcer les liens entre les argentiers que du résultat d'un sentiment authentique de la société du plus grand bien pour le plus grand nombre. La valeur intrinsèque du travail des pauvres est fixée par les capitaines d'industrie qui sont assistés par des lumpen-intellectuels, d'où découle tout le confort de leur vie. L'arrangement capitaliste est construit sur quelque chose qui n'est plus vrai. La croissance linéaire de la population, qui est au cœur de la productivité, une prophétie du capitalisme, est une illusion. De vieilles idées fausses ont élargi de façon incommensurable le fossé psychologique entre les générations. L'époque où l'armée d'analphabètes recherchait un emploi sûr et exigeait des ordres clairs et concis est révolue.

Le maniérisme poli qui existe encore à l'état pur dans un endroit comme la République dominicaine perd rapidement sa légitimité aux yeux et dans le cœur de légions croissantes de personnes désorientées. La classe ouvrière avertie est insensible au laissez-faire des banderoles. L'incarnation de la répudiation du statu quo réside dans la dérive vers le laissez-moi faire. L'anxiété collective met en doute la perception d'une démarcation organique entre les individus ainsi que les nations "qui ont tout" et celles "qui n'ont rien". Les régimes ont des difficultés à mener leurs activités en tant qu'institutions publiques en maintenant des rituels absurdes et en ghettoïsant les droits civiques des masses. Les gouvernements ont du mal à se transformer en entreprises privées, ce qui implique de remplir équitablement les poches des actionnaires, ses citoyens. Les financiers et les décideurs politiques devraient avoir un besoin urgent de trouver un nouvel argument convaincant pour justifier leurs affirmations selon lesquelles le capitalisme est le paradigme d'une société meilleure ; et pourtant, ils ne le font pas. L'examen critique des possibilités d'une nouvelle approche a peu progressé. Il n'existe aucune proposition concrète sur la façon dont les péchés du capitalisme seraient surmontés, à examiner. En l'absence d'une trajectoire alternative réaliste, nous n'avons pas d'autre choix que d'embrasser une perturbation éclairante et de laisser l'implosion se produire d'elle-même, afin que le nouveau puisse émerger. Sauf que c'est un chemin ardu vers le haut de la colline, les humains méchants ne peuvent s'empêcher de tenter de faire pencher le destin en leur faveur.

La plupart des enfants ne supportent pas de voir des animaux se faire blesser. En vieillissant, nous acceptons de traumatiser l'harmonie de la nature. Il y a une certaine nostalgie obscure à voir un chat errant coincer et tourmenter une souris pendant une longue heure au lieu de la dépecer. Le chat perfectionne-t-il ses talents de chasseur ou est-ce un acte de malveillance ? Les questions complexes ont des réponses humbles. Laisser la nature suivre son cours rend le cadre prédateur-proie agréable. La règle de non-interférence a également été une excuse pour les blaireaux pour se reposer et observer la synchronisation désordonnée des humains. Même les chats bien nourris laissent une traînée de cadavres écrasés dont leurs propriétaires doivent s'occuper. C'est, en toute franchise, la façon dont ces maraudeurs intempestifs séduisent les humains. Dans les endroits envahis par les souris et les rats, la présence d'un prédateur permet de réduire la population de nuisibles, ce qui a pour effet de limiter les conflits pour les ressources entre les espèces.

"Un pauvre est comme un étranger dans son propre pays."
- Ali ibn Abi Talib

Les mélodies insensées sont les plus captivantes de toutes. La rêverie cesse d'être le symptôme de la colère et devient l'absence chronique d'humanisme lorsque l'oppression et l'humiliation s'appliquent aux aspirations avec la même force. Chaque année, les rejetons des meilleurs escrocs et des pauvres les plus virils du tiers monde traversent la vaste mer vers le monde meilleur. Les plus pauvres d'entre eux quittent leur pays natal et leur pays merveilleux pour débarquer avec l'espoir de revenir un jour avec le remède à la pauvreté tant convoité : une cargaison d'argent. Ils considèrent que le monde occidental représente tout ce qu'il y a de bon sur terre et que l'Europe est la mère du monde entier, qui leur est largement supérieure grâce au courage, à l'ambition et à la force mentale de ses habitants. C'est logique. L'Europe a soumis des civilisations et asservi d'autres continents pendant des siècles.

Le nombre de ceux qui tentent de vivre derrière les persécutions et les moyens de subsistance précaires en entreprenant un périlleux voyage à travers l'océan et les cultures est insignifiant par rapport à la masse qui s'ajoute chaque année aux piles de démunis de leur pays d'origine. L'attitude hideuse des citoyens des pays riches à l'égard des nouveaux immigrants reflète leur paranoïa à l'égard du traversier de leur prospérité, qui sera bientôt renversé par les "pauvres" qui arrivent. Ce cauchemar naïf est en soi tout à fait déraisonnable et s'appuie, entre autres, sur les témoignages de l'armée de nouveaux arrivants analphabètes eux-mêmes sur ce qui a mal tourné sur leurs terres. L'immigration ne peut pas résoudre le problème de la pauvreté. Les nations riches ne cessent d'expulser tous les immigrants pauvres dans le but de sauver la pureté de la lignée nationale et d'empêcher l'ascension d'autres cultures destinées à être intégrées dans le tissu de la société dominante.

Comment aider les pays en développement à s'aider eux-mêmes ? Les regrets de la migration et le malaise culturel incitent les gens à retourner au point d'origine de leur cauchemar. L'amélioration du niveau de vie nécessite un ensemble de conditions, dont notamment la capacité de participer ou de s'engager de manière indépendante dans le mode et le débat actuels du commerce et des échanges, un cadre juridique favorisant le commerce, et une infrastructure physique permettant la circulation des marchandises à grande échelle. Nombre de ces conditions n'existent pas actuellement dans de nombreux pays du tiers monde, bien que la main-d'œuvre soit abondante. Les rares personnes qui émigrent sans être menottées n'ont aucune expérience du commerce occidental et de ses subterfuges ou n'en ont qu'une connaissance superficielle. Avec des badges brillants et l'air des libérateurs, ils débarquent et obtiennent immédiatement une place de choix parmi les gangs d'oppresseurs.

L'hémisphère sud souffre d'un excès de personnes pauvres et de structures de filet social défectueuses. Les remèdes sociaux indiquent que les princes de l'économie s'appuient sur la ferme conviction que la pauvreté dépend de la force de caractère et de la volonté d'un individu. De même que la sous-alimentation et l'emprisonnement dans une cellule fermée brisent la bravoure des guerriers, de même l'agonie prolongée de la pauvreté et l'embarras qui l'accompagne transformeront une créature charismatique en mouffette. Les philosophes moraux entreprennent de prescrire un remède adéquat pour chaque maladie de l'esprit. Dans la bible du commerce et des échanges du vingtième siècle, la dénationalisation et la déréglementation sont les prémisses du confort socio-économique. Les intellectuels lumpen ont sanctionné les rescrits afin de ne pas douter que la commercialisation de la cession de domaines publics à des cliques soit un remède supérieur pour une nation en proie à la colère et à la tristesse collectives par rapport aux vertus dérivées du dialogue social et de l'analyse critique du statu quo.

C'est le principal postulat de l'homme rationnel, une personne qui est principalement motivée par l'argent et la simple récompense, et dont le comportement est donc prévisible. Tout a été réduit à la logique du choix individuel en vertu des notions que rien sur terre n'est suffisant pour être partagé avec tout le monde, et que les humains sont, par nature, paresseux. La privatisation est une méthode très louée pour guérir les maux sociaux, modestement insinuée d'un côté de l'hémisphère. Lorsqu'il s'agit de l'autre côté de l'hémisphère, cette suggestion supplante tous les autres remèdes. La conditionnalité de l'aide impose imprudemment le même médicament dans la gorge des pays les plus pauvres. Après avoir fait un essai équitable de toutes les caractéristiques des désagréments vantés par l'État, personne n'a été surpris de constater qu'ils ne sont pas d'une grande utilité pour les pauvres. Le manque de capital moderne est un incubateur important dans les pays en développement. Il en faut beaucoup pour monter sur le cheval sauvage de la privatisation.

"Par la corruption du langage, beaucoup d'autres corruptions commencent..."
- Andrés de Jesús María y José Bello López

Un voyage n'est pas déterminé par la dévotion à un péché. La graine qui était dans le fruit doit être placée dans la terre pour générer un nouveau cycle naturel de vie. Lorsqu'un petit arbre est greffé à l'arbre parent, le fruit est celui du scion qui avait été inséré dans l'arbre parent. L'assemblage rudimentaire des idées préconçues rend digne la valeur relative de la vie. Les mots ne doivent pas être entendus uniquement avec les oreilles, mais aussi avec le cerveau, afin de déboulonner les lexèmes largement abusés. L'importance accordée à la fécondité d'un style plutôt qu'à un test de bon sens suggère que les nouvelles perspectives sont trop difficiles à transmettre sans être habillées. La prudence dans la recherche de l'observation et de l'interprétation des significations dans le contexte est considérée comme plus sévère que la timidité méprisante, et les institutions responsables de la conduite des prospecteurs académiques sont averties ou chassées par l'ostracisme social et financier.

L'exceptionnalisme est comme le pilier des dieux. Le faux sentiment de prééminence fait tomber les gens amoureux des ombres de leur esprit. La réverbération de leurs vaines pensées est perçue comme un précis de leur destin, bien qu'elle n'ait aucune existence substantielle en dehors de leur folie. Il en va de même pour les croyances éclairées par des préjugés qui induisent l'insouciance et la froideur lors de l'investigation d'incidents sociaux, commerciaux et politiques contemporains les uns des autres. Les schémas fantastiques de la manipulation de masse sont enfermés dans le coffre-fort d'une université ; la popularité du capitalisme (ou la tolérance d'autres constructions sociales et politiques) repose sur les imbéciles et les arrogants. Dans certaines parties du monde où le cheval n'existait pas, les uhlans étaient considérés comme des monstres : mi-hommes et mi-bêtes. Les traditions qui sont naturellement dépourvues de préjugés institutionnalisés en reçoivent une provision de la part de leurs héros formés à l'occidentale et des rabatteurs de la bible et du Coran qui distillent des absurdités en croyances parfumées.

Les mêlées de commerce et d'échanges ont été centrées sur l'épargne et les dépenses, comme si l'appel à un dialogue sur la répartition des richesses était une absurdité. Je dois dire que les rengaines actuelles sur la répartition des richesses sont dépassées. Le monde agit comme si le discours sur la définition des surplus monétaires et sociaux et les limites des portions était résolu depuis longtemps, ou qu'il n'était pas encore temps de revoir ses prémisses. La sédation sociale est la conséquence des efforts concertés des capitalistes pour mal étiqueter et reclasser les droits et les mérites de l'homme. Parmi les délits du capitalisme, la mauvaise compréhension du profit est la plus grossière, tandis que la réduction de la connotation et de la définition de l'entrepreneur est la plus subtile. La théorie d'Herbert Spencer, "la survie du plus apte", a la même dose de méchanceté que la "sélection naturelle" de Darwin. L'axiome est devenu le slogan des oppresseurs et des opprimés et a établi la position de Spencer en tant qu'avocat du capitalisme de bonne foi.

Ce qui s'est passé depuis est une fantasmagorie de délire et d'injustice. Une fois de plus, les exploiteurs et les décideurs se sont ligués contre les travailleurs. Quelque part, la distinction entre "profit" et "surplus" est devenue extrêmement floue. Nous avons maintenant oublié que l'économie a été crachée d'un concept archaïque de couches sociales qui soutient que la plupart des gens ne sont que des créatures inférieures. Les racistes de la première heure ont fait preuve de créativité. Après avoir obtenu de bons résultats aux tests et avoir été formés pour mémoriser un tas de faits, de pensées et d'excitations, les gourous académiques perdent le sens de la réalité. De nos jours, aucune nation ne considère sérieusement l'idée d'une distribution linéaire des richesses. Même face à la preuve que la pauvreté est généralement transmise à la progéniture (sauf dans les circonstances associées aux guerres), la prétention du marché libre à garantir un échange équitable entre les membres actifs et passifs d'une entreprise n'est pas directement contestée.

"Le système salarial n'est pas modifié le moins du monde par le transfert du capitalisme privé au capitalisme d'État, et pourtant le système salarial est la marque de l'exploitation."
- Erich Kurt Mühsam

L'histoire du capitalisme ressemble au parcours de l'une des plantes les plus gourmandes en eau de la planète, la tomate. Au départ, le conquistador a trouvé et cueilli une plante fruitière verte. Avec le soleil et les différents terrains, le vert s'est transformé en rouge. L'avidité humaine est devenue rouge sang ! L'inertie des comportements académiques, les rituels spirituels et le sadisme des financiers sont les épices cruciales pour créer une catastrophe. Il existe une corrélation fluctuante entre la pigmentation de la peau et l'intelligence. Cependant, il y a un énorme écart dans le niveau de confort et de nécessités disponibles entre deux mondes, dans lesquels l'un évalue le leadership en termes de compétition et l'autre le considère comme une sélection naturelle.

La convention victorienne anglaise a enfermé la créativité humaine et la destruction de l'humanité dans la même bouteille. Elle a permis aux humains de réaliser les meilleurs rêves et a fait en sorte que les pires cauchemars de l'humanité deviennent réalité. À quoi bon une balade sur une route pavée allant de nulle part à nulle part ? L'idée que l'éducation est le facteur le plus important pour le développement d'une nation ou l'amélioration du niveau de vie d'un individu est un mensonge. La présomption selon laquelle l'éducation est immensément essentielle pour un pays et qu'elle change radicalement les façons de penser est fausse.

L'éducation n'a fait qu'influencer le mode de pensée collectif sur la façon dont les voleurs amassent la richesse et la gloire. La vérité est que l'éducation n'aide pas. Sinon, je dirais que l'éducation fait de quelqu'un un bon esclave, à moins qu'elle ne soit un moyen de participation, d'engagement ou d'implication dans une entreprise.

Le monde entier n'est-il pas ouvert devant chaque homme, femme et enfant, tout comme l'air est accessible aux oiseaux partout ? La pluie ne tombe-t-elle pas également sur les justes et les injustes, les donju et les auto-asservis ? La réponse correcte à ces deux questions est : non. Depuis la nuit des temps, l'humanité se hâte vers le paradis terrestre. Nous passons par différentes portes. Seuls quelques-uns trouvent celle où les odeurs les plus douces sont portées vers eux dans l'air parce qu'ils ont hérité de la bonne clé. Lorsque la pluie commence à tomber, le même petit groupe sort son parapluie doré, dont il a également hérité. Celui qui échappe à son destin dans l'une des constructions sociales, commerciales et politiques actuelles n'est pas un humain, mais une bête.

On ne pouvait que sympathiser avec le traité anecdotique et complaisant sur les mérites du capitalisme, qui était un hommage aux maniaques pour leur obsession d'amasser une fortune, et pour leur méchanceté. La révolution industrielle a repeint de sophismes la notion de travail méritant des ressources minimales pour survivre et a fait adopter au monde occidental la maxime du laisser-faire. Soutenir le marché libre signifiait condamner la paresse et protéger la liberté civile. Lorsque les argentiers ont atteint le point où le bon sens a déserté les discours mondiaux et l'économie, ayant eu la chance d'être élue arbitre entre les arrangements sociaux, les pauvres, vivants ou morts, sont devenus des marchandises commerciales.

La sérendipité est une harmonie délicate. Nos racines hantent les hallucinations impuissantes et les verdicts puissants. La justice distributive s'accommoderait de la paresse. Ce sophisme pousse aujourd'hui les libérateurs à blanchir le passé du capitalisme. Comment peut-on sourire sans étouffer la bonté des vieilles larmes ? Les riches sont comme un champignon sur le front ; des parasites microscopiques vivant de notre sueur. Il ne fait aucun doute que le travail est une marchandise. Nous en sommes venus à nier que la connaissance soit aussi significative que l'argent et la terre, et à limiter son pouvoir à des cas circonstanciels. La transformation sociale correcte doit-elle ou peut-elle passer par un nouveau soulèvement sanglant des pauvres et des personnes privées de leurs droits ? Non. Les épidémies de crise financière sont inévitables ; les pandémies de pauvreté sont facultatives. L'application des connaissances psychologiques aux intrigues secondaires des économistes démontre la fluidité inhérente des valeurs qui rend les acheteurs malléables et à la merci de l'avidité des financiers. Tout cela a des implications d'une grande portée pour notre compréhension de la véritable essence du XXIe siècle en général, et du commerce et des échanges en particulier.

"Si vous voulez perdre votre foi, devenez ami avec un prêtre."
- George Ivanovich Gurdjieff

Comment le capitalisme est-il devenu la forme la plus adoptée d'arrangement social, commercial et politique ? Le facteur principal repose sur la croyance que le commerce et l'échange ne s'épanouissent qu'en présence d'affrontements et d'antagonismes entre les argentiers. Le raisonnement valide qui ne s'inscrit pas dans le courant d'un axiome permet à la tromperie de fructifier dans l'esprit des gens ordinaires. L'imprécision des termes "économie" et "économie" n'empêche pas les gens de les utiliser en permanence, comme si le domaine d'application de ces termes était sans limites. L'ambiguïté résulte d'une mauvaise interprétation de la nature de la bête. Les concepts abstraits laissent place au contrôle, à la poudre aux yeux, à la tromperie et à l'endoctrinement.

L'économie en tant que science sociale a acquis un pouvoir immense sur les débats de politique publique et sur la psyché humaine. Les charognards néoclassiques prétendent scruter les phénomènes, le "comment" et le "pourquoi" de l'évolution des choses dans le temps et l'espace. En réalité, ces explorations ne s'intéressent qu'aux séquences cadenassées et à la queue des peigneurs. La progression vers un véritable démembrement de la vie économique est freinée par l'enseignement de principes théoriques archaïques. Ce modèle d'investigation caricature la vérité. Les économistes ne cessent de remettre au goût du jour l'idée que la pauvreté est fondamentalement un défaut moral, et qu'une corne d'abondance de nourriture et de commodités de luxe est la preuve de l'approbation de la divinité. Les personnes extérieures seraient également choquées par le narcissisme hautain et le fanatisme hautain des institutions scientifiques stériles de l'économie. Le capitalisme, le dernier homme debout, le succès de la domination mondiale n'est pas uniquement basé sur le pouvoir ou l'idéologie, mais sur la prévoyance des capitalistes à choisir les bons lumpen-intellectuels au bon moment et au bon endroit.

La ferme conviction des chiens de berger du capitalisme de reconstruire les identités et le néant social à l'aide de variables et de théorèmes du point fixe pose un énorme problème aux États dociles, tout comme aux pays riches. Le mur de Berlin a physiquement et idéologiquement divisé la ville pendant plus de deux décennies. Lorsque la barrière de béton s'est effondrée, l'étrange triomphe du bien sur le mal a écrasé les privilèges et les vies simples des Allemands de l'Est. Le refus des apôtres néoclassiques de prendre un risque élevé pour atteindre une illumination flamboyante en a fait les gardiens de l'amer statu quo. Toute déduction de la légitimité dépend de la pertinence des lambeaux de preuves. La validité de toute induction dépend de la justesse des hypothèses. En d'autres termes, tout ce qui entre, tout ce qui sort. Les économies développées ont utilisé leurs banques centrales pour persuader les banques privées et autres institutions financières d'activer les bulles du marché. Beaucoup trop de pays sur la voie du marché libre se sont retrouvés embourbés dans la corruption, la mauvaise gestion, les pots-de-vin et les troubles politiques. Le désarroi de la conscience collective est dû à la contamination des canaux de connaissance par les débordements des égouts, en particulier dans le tiers-monde, et le monde universitaire ne parvient pas à fournir une protection contre les conneries cérébrales joliment emballées.

"Et donc, le résultat de plusieurs années de partage des responsabilités, à part le fait de massacrer des gens, est que tout le monde reste debout et se regarde dans le vide."
- Lao She

Le monde aurait été plus sombre sans les philosophes et les militants inébranlables qui avaient le sens du bien et du mal. Ils ont osé émettre l'hypothèse que nous sommes des animaux ; pas seulement les Noirs, mais toutes les espèces humaines. Ils appréhendaient l'impact environnemental de l'obsession de leurs contemporains pour la richesse et la manière de l'amasser. Ils en avaient assez de l'exploitation et ont tenté de rompre le charme du capitalisme. Leurs efforts sont restés vains. Pendant la colonisation, la sueur et le dur labeur des autochtones se sont transformés en profit, mais les privilèges qui en découlent ne s'appliquent qu'aux Caucasiens. Notre sagesse collective n'a pas encore trouvé de faille dans ce qui est perçu comme un mur immoral insurmontable. Des dizaines de pays souffrant d'une dysplasie du sens commun de bas niveau ont pris l'initiative d'essayer de remplacer le paradigme néolibéral des solutions de marché par d'autres formes de vérités et de fausses prophéties socialement biaisées. Il y a une surabondance de spéculations sociales sur la logique endommagée. Plusieurs antidotes à l'injustice sont fondés sur la croyance que la pauvreté dépend du caractère et de la volonté d'un individu. À chaque carrefour où la caractéristique dominante est la coercition généralisée, ce principe est indiscutablement vrai pour les voleurs, les violeurs et les imposteurs. Pour les autres moyens de subsistance, c'est un blasphème.

La conception dominante du comportement humain, l'homme économique, ne tient pas compte de l'instinct ou de la formation des habitudes. Le scepticisme des mutins les amène à s'interroger sur la mauvaise interprétation délibérée des réactions des agents sociaux et sur la suprématie du capitalisme. Le choix entre un scénario de perspective et un scénario de pari obère la nature de l'être humain et met en évidence les hallucinations des économistes. Dans une société où les méthodes machiavéliques pour s'enrichir ou resserrer l'ordre social sont considérées comme une aide à l'amélioration de la seule espèce survivante du genre homo (ou une contribution à l'union), toute véritable expérience de justice sociale est condamnée. L'économie est le domaine des menteurs en série et des fantaisistes. Tant que le patriotisme supplante la réflexion et que l'idéologie règne au lieu de l'esprit critique, la gloire et le malheur s'appellent richesse et pauvreté ; c'est le symbole du débat inutile. Personne n'est surpris que le capitalisme soit un système dysfonctionnel, sauf qu'il est assorti d'un contrat psychologique que personne ne veut rompre.

À la fin du vingtième siècle, chaque construction sociale, commerciale et politique a subi plus qu'une rhinoplastie dans un effort désespéré pour échapper à toute responsabilité. Un système mondial à la base de la répartition extrêmement inégale des richesses et du pouvoir a permis de conserver les vues profanes de la classe ouvrière et les arrangements hiérarchiques entre les acteurs du commerce et des échanges. Les règles de conspiration et les mythes de réussite fonctionnent. Chaque doctrine existante comprime l'ambiance de l'histoire d'amour avec des désillusions indomptables. Grâce au capitalisme, comme le veut l'histoire, les femmes et les enfants blancs pauvres ont été reconnus comme des humains. D'une manière ou d'une autre, tous les autres ont également trouvé leur chemin à travers l'âge d'or de l'auto-esclavage et dans le mille-pattes humain en tant qu'esclaves efficaces. "Le Roi est mort, vive le Roi !"

Chapitre VIII

L'échographie du XXIe siècle

"Le développement humain est une forme d'injustice chronologique, puisque les retardataires peuvent profiter du travail de leurs prédécesseurs sans en payer le même prix."
- Aleksandr Ivanovich Herzen

D e multiples changements ont eu lieu à la fin du vingtième siècle. Les choses ne se sont pas passées tout à fait bien, comme le veut le cycle. Au moment où nous avons atteint le seuil, notre courage a vacillé. Au lieu de maîtriser notre anxiété, elle nous a asphyxiés. Depuis, les argentiers ont déféqué sur l'esprit collectiviste jusqu'à ce que les images des dépressions et des guerres mondiales inondent le monde. Les inventions génératrices d'habitudes nous ont séduits et ont synchronisé l'approche abrasive et arrogante du théisme, de l'art et de la science. Les mercenaires et les escrocs ont inspiré toute une génération, pendant un moment. Les motivations avaricieuses des vassaux ou des troupeaux d'argentiers ont fait d'un certain nombre de villes d'Occident des centres de créativité, qui ont ensuite influencé la majeure partie du monde. Les laisses sociales, commerciales et politiques des nations sous contrainte se sont desserrées. Nous avons beaucoup appris sur les humains. Pour les activistes du tiers monde qui voulaient être entendus, il y avait des côtés spécifiques et désignés de l'hémisphère où ils avaient une chance incomparable de le faire. Selon l'exposé bien connu de Sigmund Freud, à un moment donné, chaque garçon occidental aura une envie névrotique d'un morceau de la queue de sa mère. Les fous ont abusé des thèses des philosophes du XIXe siècle pour s'attaquer aux conventions. Nous avons oublié que ce n'est pas la mondialisation qui a orchestré la remarquable migration multiculturelle, mais les moteurs à turbine des avions.

Le vingtième siècle est marqué par l'habileté des thuriféraires de l'acuité sociale et politique de l'humanité, les économistes. L'économie avait la main sur tout. Malgré la réputation des économistes de confondre les bruits avec les signaux, le monde entier les a mis sur un piédestal. Les lumpen-intellectuels nous ont bernés avec une constellation d'ornements. Ils ont entraîné le discours de la justice sociale plus loin sur un chemin d'insouciance. Leurs exploits déshonorants ont servi de complicité aux argentiers, mettant le monde sur la voie de l'auto-annihilation. Les alternatives au marché libre ont progressivement perdu du terrain en raison du manque de perception extrasensorielle de leurs prédicateurs. Les péchés des communistes et le marasme commercial sans fin du socialisme ont engendré un pessimisme général et prédisposent un pays à embrasser le néolibéralisme.

D'autres factions ont optimisé prématurément leurs perceptions du présent.

C'est dans le brouillard du raffinement de la servitude que le tout nouveau paradigme social mondial a été façonné. Désolé, le papillonnage du capitalisme au cycle du socialisme de Karl Marx, était invraisemblable. Même dans un cadre purement capitaliste, les gens ne peuvent pas acheter ou vendre leur travail comme ils achètent et vendent des biens et des services. Les failles conceptuelles de Marx sont un romantisme non dissimulé, ancré dans sa théorie des alternatives au capitalisme. Dans sa lecture de la prochaine dérive du paradigme social, il n'a pas compris que le capitalisme ne crée pas de conflit de classes ; au contraire, ses protocoles innés établissent des tensions socialement adaptables et diffusables. Mais l'autorité spirituelle de Marx n'a pas perdu son influence sur les poussées flamboyantes du contre-capitalisme.

Le fait de remonter plus loin dans l'histoire permet de sauvegarder les rituels et les rancœurs et inspire des aspirations macabres. Les idées audacieuses et les solutions audacieuses ont toujours jailli pour aider l'humanité à se frayer un chemin pour se libérer de l'idiotie. Les écoles ont été fondées pour se concentrer sur la production d'une classe d'élite éduquée, et non pour former des élites ou pour gonfler la faction qui contrôle une quantité disproportionnée de richesses, de privilèges ou de pouvoir politique dans la société. Avec l'expansion mondiale de l'éducation au milieu du vingtième siècle, la noble motivation de la classe ouvrière a métamorphosé les pauvres en une classe de travailleurs pauvres, les auto-asservis. La véritable essence de l'après-guerre mondiale est l'accès de masse à une institution de connaissance et d'apprentissage. C'est la conséquence directe la plus sous-estimée des barons voleurs et des capitaines d'industrie, de société, de commerce et d'échange, et des changements de sentiment politique du vingtième siècle.

"Qui vit voit, mais qui voyage voit davantage."
- Ibn Battuta

Qu'est-ce que c'est vraiment que d'être humain au XXIe siècle ? Quelques personnes font des fortunes inimaginables, tandis que la plupart d'entre elles continuent de gratter le sol pour vivre. Les dispositifs insèrent des points de vue mondiaux dans les délibérations permanentes des sociétés isolées. Le souhait le plus grotesque de ma liste de souhaits est de voyager avec le cœur d'un vacancier, d'un schmuck, au lieu d'être un humain visitant des pays pourris. Les nombreux groupes de terminaisons nerveuses bulbeuses sur la langue n'ont en aucun cas un contrôle omniprésent sur le sens composite du goût. Le voyage dans les intelligences émotionnelles inhabituelles est sans fin. Le fait de parcourir le monde avec des convictions humanistes estompe l'immensité de l'espace et de l'éthique entre des endroits isolés. Les problèmes sociaux initialement considérés comme des incidents exceptionnels se révèlent être à grande échelle, virulents et d'une complexité écrasante ; sauf que le fait de critiquer tout sans retenue conduit à goûter les particularités conjointes bancales des mortels. Nous souscrivons ou sommes complices de monstruosités, et de bugs d'embellissement.

L'économie a développé une apparence de sapience. La confiance servile se décline sous plusieurs formes. Les faits appris en feuilletant des manuscrits ou les astuces découvertes sur le Web rendent un colloque fascinant, mais ce n'est pas la même chose que de savoir quelque chose. Pour faire la distinction entre un bourdonnement et un hurlement, il faut sortir de chez soi et supporter les incohérences et les élans idiosyncrasiques de l'humanité. Les changements de paradigme inhérents aux rénovations perpétuelles de l'humanité maintiennent pertinent le contexte dans lequel les phénomènes se produisent. Le développement de la connaissance à partir d'expériences directes en dehors d'un cadre conventionnel sur fond de gerbes d'or déchire les règles et les harmonies de l'examen du XXIe siècle.

Les étapes de l'accumulation de la richesse mythique ont une emprise sur l'anima pauvre. Les conformistes croient au capitalisme et aux contes populaires, et ont foi en sa cohérence ostensible. Les gens normaux se lancent dans des croisades messianiques car ils croient que le moyen le plus efficace d'atteindre l'utopie sociale, commerciale et politique passe par les conventions capitalistes. Le point de mire de la société est orienté vers les idéologues qui peuvent rassembler des adeptes. Ils poussent les gens à croire en des croyances plutôt qu'à croire en une croyance. Les intellectuels lumpen jouent un rôle fondamental en inspirant, en guidant et en orientant les sentiments déséquilibrés du public sur les questions sociales, commerciales et politiques, tandis que les directives des institutions religieuses sur ce qui est bien ou mal débilitent les hominidés en quête d'autonomie émotionnelle. Les ambitions lucratives et le narcissisme soulignent le parallèle circonstanciel entre les lumpen-intellectuels et les styles de manipulation du public religieux. Les pauvres gens abandonnent leurs droits aux deux et se sentent obligés de remplir leur devoir de défendre des principes scandaleux par tous les moyens nécessaires.

La science et l'art ont insufflé au monde un sentiment écrasant de rédemption. La créativité est la quintessence de la priorité actuelle qui repousse les frontières de l'inconnu, au pas de charge. Les nouvelles applications technologiques sont traitées comme des voies d'accès à l'avenir radieux de la société. Les cultures restreintes se débarrassent des éléments des constructions sociales archaïques et vivent également de ces redécouvertes. Les gadgets ont engendré l'intrusion suprême dans nos instincts primitifs, et se moquent de l'individualisme. La dévalorisation psychologique des pouvoirs des institutions financières traditionnelles sur la valeur de transfert de l'argent a déclenché une réévaluation de la notion profonde de monnaie. Les crypto-monnaies jurent d'abroger les juridictions bancaires et gouvernementales sur l'argent. La monnaie numérique sans poids intrinsèque modifie la perception actuelle de la monnaie. Pendant ce temps, abattre les grands félins supprimés est la contribution de ces connards à l'industrie touristique de leur ancienne colonie.

Les examinateurs sociaux ont utilisé une lame de rasoir pour découper l'épiderme de l'humanité afin de révéler ce qui se passe en dessous. Installer une chaise en cuir de Bellagio (avec des boutons Ottoman-Bellagio) dans le centre d'une ville fera parler les gens de leurs secrets. Pour les fins limiers, il existe une tactique moins astucieuse, mais parcimonieuse, qui consiste à inciter les gens à parler de tous les détails de leur vie, à être humains. Malgré nos contrastes culturels, les êtres humains agissent et réagissent de manière similaire dans des situations transactionnelles passionnées. Actuellement, nous sommes tous en train de manœuvrer pour tomber dans la classe moyenne. Le sentiment le plus réconfortant au milieu du Titanic en train de couler n'était certainement pas de se trouver sur le pont arrière, le premier tas de personnes à disparaître dans l'océan. La vue du capitaine du navire, de l'équipage et des riches virevoltant sur le pont avant était peut-être une source d'inspiration. Les désirs qui sous-tendent le comportement humain sont très anciens. L'essence de notre quête reste fondamentalement la même. À l'extérieur, la permanence et l'universalité de la folie sociale et politique la plus évidente sont paradoxales par rapport aux ambitions générales et aux talents partagés de l'humanité.

"Toute personne qui conçoit qui élabore des plans d'action visant à transformer des situations existantes en situations préférées."
- Herbert Alexander Simon

Un rayon de lumière qui brille dans l'obscurité n'est pas toujours un bon signe. Nous embellissons le tableau contradictoire à deux étages du XXIe siècle. La flamboyance des couleurs de la toile dépeint le privilège et l'arrogance de ceux qui travaillent dur pour que les dés soient pipés pour eux. L'arrière-plan est rempli des corps émasculés des travailleurs pauvres naïfs qui font tout le travail. La beauté de ce chef-d'œuvre induirait en erreur même un connaisseur pour contester un préjugé biologique distinct, et met en évidence la lutte des classes. Dans tous les coins et recoins du monde, les riches semblent toujours transmettre des capacités profondes et prodigieuses qui dépassent de loin celles des pauvres. À l'époque médiévale, les esclaves serviteurs voyaient les enfants des familles riches recevoir un enseignement privé à domicile et les regardaient grandir pour devenir les maîtres de leurs enfants. Les personnes ayant des connaissances ont toujours été très honorées par leurs compatriotes. Par conséquent, aux yeux des pauvres, le savoir est synonyme de valeur nette sûre.

Nier que l'état d'esprit de la colonisation continue de façonner la situation actuelle du tiers-monde relève soit de la naïveté à vous retourner l'estomac, soit d'une insolence cruelle. Les maîtres ont laissé à leurs anciennes colonies la culture d'une gouvernance de merde, des richesses minérales massives mal utilisées et empochées par une minorité au détriment du plus grand nombre, et un système éducatif qui ne débouche sur aucun emploi. Le traumatisme des chroniques de la guerre froide connaît une seconde vie, avec les nations riches qui se bousculent pour s'assurer une saga de ressources naturelles. Les charognards financiers occidentaux, les raiders de la mémoire et les adolescents optimistes, avec l'aide des muscles et des longs bras des organisations internationales, jouent un rôle dans l'étouffement des conversations du tiers monde sur l'ascension de la démocratie. Leur triomphe ne repose pas sur des vices féconds tels que la corruption ou la corruptibilité. Ils ne seraient pas en mesure de réaliser leurs fantasmes monstrueux sans les girations des générations de complicité (ou, du moins, de complaisance) soumises de la post-colonisation. Pour la raison apparemment écœurante de la prémisse asine, l'emprise ferme d'un tyran est nécessaire pour qu'une nation réussisse et prenne son avenir en main, et ne s'appliquerait qu'à l'hémisphère sud. Les notions erronées romancent la lutte pour la justice sociale partout dans le monde.

Un humain n'est pas, par nature, une créature docile. La servilité peut germer dans des conditions favorables ou par une mutilation de l'esprit sévère et prolongée. Quelle que soit l'époque ou la culture, les hommes et les femmes esclaves truculents étaient toujours condamnés à la torture à vie ou à d'autres traitements ou châtiments cruels et inhumains. Les entraves n'étaient pas seulement utilisées pour restreindre les mouvements, mais aussi pour humilier les individus récalcitrants. L'esclavage a cessé d'être le mode de production conventionnel. Les esclaves se sont depuis fondus dans la vaste foule des indigents. L'ignominie d'être esclave est bien pire que d'être pauvre. Mais tout mauvais traitement prolongé entame l'estime de soi. Les gens perdent le sens de leurs droits et de ce qui est juste.

Le poids de l'oppression persiste plus longtemps dans les fragments émotionnels qui portent les instructions du processus de pensée. C'est un facteur puissant qui contribue à créer des failles permanentes dans les méthodes d'évaluation des problèmes et de prise de décision des pauvres. La propagande incessante des marchands libres, les actions politiques et l'étalage de leurs styles de vie somptueux ont enhardi les pauvres à mettre tous leurs jetons dans des perspectives qui répondent à la devise hypocrite du capitalisme. On peut dire une chose des hommes et des femmes qui acceptent leur horrible destin : ils conspirent assidûment à l'émancipation de leur progéniture. Leurs dures conditions de vie les incitent à envisager et à planifier pour leurs enfants un style de vie somptueux avec une horde de domestiques et une piscine remplie de pièces d'or. Il n'y a pas de déclaration écrite : la classe ouvrière a perçu l'éducation comme un moyen d'accumuler des richesses et d'accroître sa part de pouvoir. Dans la stratification de la société, les riches sont toujours au sommet et les travailleurs au bas de l'échelle. Les pauvres qui s'arrachent le cœur sont attachés par des chaînes d'or et ne sont rien de plus que des trous du cul méprisables.

"Ils blâment le peuple alors que la faute revient au système."
- Filiberto Ojeda Ríos

Le ballon rempli de pauvres ne diminue pas, comme il pourrait le faire. Les économistes affirment sans équivoque que les prolétaires n'ont besoin que d'une formation multidimensionnelle et d'une recherche d'emploi de qualité pour obtenir des retours pécuniaires sur leurs cerveaux améliorés. La clé d'une existence de premier ordre omet délibérément le contexte social et politique. Rien n'est plus éloigné de la vérité. La notion d'éducation comme remède à tous les problèmes de l'humanité, en particulier la pauvreté, s'est avérée être un argument de l'ignorance, indépendamment du dogme commercial adopté. L'éducation seule ne brise pas les contraintes de la pauvreté.

Ceux qui se trouvent au bas de la pyramide sociale sont souvent accusés d'être réticents à entreprendre des exercices cérébraux. Ces remarques désobligeantes ne tiennent pas compte des luttes des prolétaires qui doivent rester plus longtemps dans la roue des rats afin de gagner suffisamment pour assurer leur existence. La qualité médiocre de l'enseignement supérieur dans les nations pourries aggrave la position mondiale de leurs pauvres. La pluie tombe de la même manière sur les justes et les injustes ; cependant, nous n'avons pas tous un parapluie et nous ne sommes pas tous audacieux. Le rythme de l'évolution technologique est aujourd'hui plus rapide que dans un passé récent. Il est devenu un prétexte pour ignorer l'armée des chômeurs désespérés.

Un parallèle peut être établi entre le massacre délibéré des Moriori par les Maoris pour des baies de karaka au milieu de l'océan Pacifique, et celui des Mayas par les conquistadors à la recherche d'or sur le nouveau continent. Les appâts des clients sont affinés avec Aristide Boucicaut qui vend des marchandises à prix fixe et tolère les échanges et les remboursements. Mieux que dans Les Grands Magasins Dufayel, Harry Gordon Selfridge donne aux gens du peuple l'impression d'être de la royauté. Gerold Lauck et Edward Bernays nous ont convaincus que le consumérisme est le meilleur instrument d'auto-émancipation car les matériaux sont la seule expression du véritable amour. Le commerce et l'artisanat ont depuis lors adopté un meilleur point de vue, mais notre conscience collective boite. L'hymne du cliché charmant, la mondialisation ou l'unicité du monde, détourne l'attention de l'humanité du caractère continuellement répugnant de l'état des choses dans le monde. Le cliché a dégradé la qualité des besoins. La mondialisation a intensifié la surconsommation et a donné naissance à la dernière race de clients : les acheteurs qui ont un sens éhonté du droit.

Dans chaque ville glamour, il n'est pas nécessaire de plonger dans ses bas-fonds pour croiser et photographier des personnes dans les circonstances les plus désespérées. Les régions les plus brillantes du monde connaissent actuellement une perte partielle de mémoire et une apathie causées par la pause prolongée entre leurs pics cycliques régionaux d'effusion de sang. Nous n'avons pas besoin de creuser plus profondément dans la mémoire humaine pour diluer la façade occidentalisée et esthétique de l'hémisphère sud.

Le marché libre a été couronné comme le sommet des modèles sociaux, commerciaux et politiques, au-delà duquel il n'y a plus rien à gravir. Ce concept a réduit le monde à un asile entièrement géré par les détenus et les travailleurs pauvres. L'indolence se prolonge tandis que de moins en moins de personnes peuvent atteindre honorablement l'idéal du bien-être. Les maestros du commerce et de l'échange ne chuchotent l'absurdité de l'objectif et de la nature de l'économie qu'entre eux, puis se retournent et propagent des règles fondées sur des concepts dépassés de cent ans. Améliorer les arrangements sociaux capitalistes est une obsession transcendante. Le cœur du débat sur le commerce et les échanges est délibérément ésotérique. Les personnes formées observent le code des samouraïs loyalistes. L'exclusivité étend les trivialités dans la recherche trop étroite sur l'économie.

La preuve d'injustices sociales omniprésentes dans un domaine particulier de la création et de la distribution des surplus ne produit pas de cris d'indignation de la part du public. Pour les 1% et les petits bourgeois, les affirmations d'injustices socio-économiques globales ne sont rien d'autre qu'une attaque fallacieuse contre le capitalisme. Le public est moins vulnérable ou sans voix que jamais auparavant. La démocratisation du savoir et l'élargissement du cercle de la participation publique se ressentent dans la nature partisane de la politique. Plus les gens sont libres, plus ils sont confiants. La liberté et la confiance n'activent pas automatiquement les neurones du bon sens. Les personnes aigries qui remettent en question leur médecin n'oseraient pas remettre en question le dogme économique. Les doyens se débattent avec les conflits sociaux, commerciaux et politiques complexes d'aujourd'hui en utilisant des réinterprétations préjudiciables de vieux manuscrits. L'humeur agitée et angoissée de la planète est ignorée comme si une apocalypse ne pouvait jamais se produire. La plupart des gens sont déjà offensés avant même d'être confrontés à la substance de la contre-offre au capitalisme.

"Le vieil homme est mort sous les roues du vingtième siècle. Il ne restait que des taches, des taches de sang et des fragments de chair... . . Et la même chose arrive à ma génération."
- Dambudzo Marechera

En Occident, les querelles de vues sur le commerce et les échanges prennent le pas sur les échauffourées politiques mélodramatiques. Les attentes en matière de leadership changent parce que les agents et les modèles sociaux doivent faire dérailler les vieux concepts d'État-nation et de pouvoir. L'amélioration du niveau de vie a favorisé les innovations en matière de capacités sociales et a modifié les liens communautaires entre les dirigeants et leurs partisans. À maintes reprises, la méfiance nationale s'enflamme et fait grimper les niveaux d'engagement des citoyens envers des hymnes et des credo irrationnels. Dans certains pays, l'absurdité sociale est continuellement ancrée dans leurs dialogues.

Des bandits avides délocalisent vers le premier monde la totalité des richesses nationales et le contrôle des ressources naturelles du tiers monde. Il est naïf de souligner ce modèle de négligence collective des économies modernes, qui constitue une menace distincte pour la sécurité mondiale. En rapatriant leurs bénéfices dans leur pays d'origine, les entreprises étrangères plantent un décor de riche à pauvre et créent un programme gagnant-perdant qui entraîne des résultats déchirants pour la terre d'accueil. Leur action intensifie les perspectives sombres des personnes désenchantées laissées dans la fange. Il existe un nombre limité de façons de danser correctement ce mambo. La portée légitime de la forme contemporaine d'expansion monétaire devrait exiger de chaque nation présente à la table des négociations qu'elle respecte les revendications de justice pour tous. Il y a plus que cela.

Il n'est pas facile de prendre une décision lorsque chaque alternative exige une forte dose de mal. Les nations en développement sont aujourd'hui confrontées au dilemme du modèle à suivre pour choisir la manière la plus élégante de s'extraire de l'égout socio-économique. Les plans des pays convoités sont tous esquissés avec un stylo à encre sanglante. Le plan qui a la plus grande probabilité de succès a un coût dévastateur en termes de sagesse collective.

La perception d'un asservissement chic en réalité rationalise la destruction du tissu social, sauf qu'ils veulent neutraliser la pauvreté omniprésente en se lançant dans le commerce et les échanges du XXIe siècle tout en s'accrochant fermement à leurs arrangements, croyances et rituels primitifs de chasseurs-cueilleurs. Une autre option consiste à suivre les traces des nations hautement développées en développant une industrie de la défense impressionnante, puis en enhardissant les opprimés à se rebeller contre les tyrans, ce qui génère de nouvelles commandes de la part des régimes totalitaires pour des armes destinées à écraser toute résistance, et de la technologie militaire pour espionner les masses. Il y a aussi la conquête subliminale d'une nation riche en ressources naturelles et l'externalisation du désordre social et politique, qui est le schéma à haut rendement le plus éprouvé de tous.

Longtemps après l'indépendance, les termes grotesques de privilèges et de droits continuent de déclencher des collisions et des massacres. Les mœurs antédiluviennes sont des bastions solides de l'auto-admiration des factions. Les démarcations de groupes basées sur la physionomie et les habitudes mesquines ont envahi la routine et les conventions. L'émaciation des nations pauvres est principalement due à des facteurs endogènes tels que l'évaluation défectueuse des traits de leadership d'un habitant. Les parenthèses sociales créées par le colonisateur continuent de placer les dialogues le long des lignes de faille de l'identité. Alors que le contrôle continue de se renforcer, les vestiges de la tradition de la colonisation continuent d'arbitrer les conflits socio-économiques.

Un facteur souvent négligé, et pourtant d'une importance capitale, est la mesure dans laquelle l'urbanisation des pays du tiers monde favorise l'égoïsme. On pourrait facilement affirmer que la nature de l'individualisme des pays pauvres est pire que celle de leurs homologues riches. Le conformisme est perceptible de la part de leur intelligentsia. Il ne découle pas des pressions morales et des représailles auxquelles les dissidents ont souvent été soumis. L'individualisme pernicieux piège toutes les couches du tiers-monde dans des guerres dévastatrices et des prodigalités qui vont bien au-delà de la corruption et de la corruptibilité. Le public occidental actuel inclut l'hypocrisie et le reste du monde qui y est acculturé contourne ce témoignage en faisant preuve de condescendance envers les nations sous-développées.

Les sociétés anciennes faisaient appel au surnaturel pour repérer le nouveau-né aux gènes les plus mauvais qui mènerait la prédation épique. La méchanceté d'un chef était universellement source de fierté domestique. L'histoire commémore des groupes entachés d'appétits insatiables qui ont subjugué leurs faibles voisins et étendu leur territoire. L'autodénigrement produit une perception suffisamment erronée pour abaisser le niveau du sens commun. L'émaciation moderne d'une nation pauvre peut être attribuée à des facteurs endogènes, tels que son repère défectueux des traits de leadership. Dans une société où le narcissisme est l'attribut humain le plus estimé, l'air est plein de courbettes obséquieuses et les leitmotivs des débats sont dépourvus de tout autre ingrédient que la politique. Lorsqu'il s'agit de choisir un leader, tout tourne autour du hobgobelin le plus apte à tromper la masse des homoncules intellectuels, ou de la vitalité pour résister aux assauts mentaux et physiques. Les gens refuseraient tout simplement d'admettre les péchés de leurs élus et les soutiendraient imprudemment jusqu'à la tombe. La fidélité liée à la religion, à l'ethnie et à la classe sociale supplante l'intérêt national. Ce lien ridicule nourrit la mégalomanie des dirigeants.

La perception erronée que les pays en développement ont de l'homme en tant qu'animal politique est devenue vitale pour l'opulence et l'expansion bancales du reste du monde et le report de la prochaine crise financière mondiale. Dans la partie la plus merdique du globe, la folie des grandeurs et l'égoïsme forcené de l'élite sont de la même ténacité que l'individualisme honteux des masses. Les bienfaiteurs se préoccupent de faire et d'appliquer les injustices selon des processus équitables. Les *shitholes* de l'hémisphère sud acceptent même les résultats qu'ils n'aiment pas, ou plus de souffrance, lorsque les procédures qui sont adoptées depuis les hauts lieux de l'Occident respectent leurs mœurs et leurs rites stupides. Cette partie du monde est loin d'atténuer le syndrome néocolonial et de déplacer le cœur de leur discussion au-delà de la politique. Les traces de sang de leurs héros sont laissées derrière eux, car ils ont été sévèrement battus et traînés dans des chaudières par des singes ivres, en commençant et en terminant par le sud.

"La marchandise apparaît à l'origine en devenant la propriété d'une certaine personne."
- Kozo Uno

Le flux perpétuel de changements historiques modifie constamment les rôles des individus et des groupes au sein de la société. En ce qui concerne le commerce et les échanges, au fil du temps, les fluctuations sociales et les querelles politiques de l'humanité ont transformé l'échange et la production de marchandises autrefois simples en manœuvres machiavéliques et en jeux de curiosité voraces. Les comportements distincts des participants au commerce et aux échanges sont inhérents à la nature du bazar, et au temps. Gardez à l'esprit que la saga était, est et sera toujours entre marchands et clients.

Autrefois, les Radanites parcouraient de vastes territoires, incitant la royauté et les gens du peuple à acheter leurs marchandises. Les possibilités impuissantes des marchands et les frontières limitaient les options offertes aux clients, tandis que les sermons religieux asséchaient la joie de vivre des paysans. Ces deux contraintes rendaient les assortiments des souks déficients dans leur dynamisme. Le conditionnement classique de Pavlov scénarise l'interaction entre vendeurs et acheteurs. Dans un marché primitif où les marchandises sont prévisibles, la notion d'utilité a du mérite.

En s'éloignant du mercantilisme, le modus operandi de la richesse est passé de l'empilement de lingots à la déshumanisation assidue de certains groupes de personnes dans une avalanche d'esclavage. L'esclavage humain est un outil efficace lorsque la source de nutriments librement accessible est délibérément rendue inadéquate. Ces facteurs sociaux ont transformé les marchands en producteurs et les clients en consommateurs. Les motivations des producteurs et les valeurs des consommateurs s'affrontent constamment. Les capitaines d'industrie utilisaient le principe de vis et voluntas pour régner sur la main-d'œuvre et les consommateurs.

Des philosophes tels que Bernard de Mandeville considéraient qu'une dose de vice dans les "vertus chrétiennes" de son époque était indispensable à l'épanouissement et à l'essor du commerce et des échanges. L'ascension du capitalisme dans sa forme mûre (mutilée de toutes parts) incluait les marchands et les clients, les obligés du commerce et des échanges. La spiritualité n'a pas réussi à contenir l'euphorie des marchands et des clients et a nécessité un ensemble de conditions, notamment des innovations technologiques spécifiques de la production de masse et un cadre juridique favorisant l'égoïsme. Les changements sociaux et politiques du milieu du vingtième siècle ont mis fin une fois pour toutes à la mollesse des marchands et aux rôles ennuyeux des clients. Les raisons qui poussent les marchands à faire une tonne de mazuma sans transpirer leur ont valu le badge d'"argentier", tandis que les clients sont devenus des acheteurs, dont les valeurs sont guidées par le désir d'éprouver du plaisir ou de l'épanouissement sans délai ni différé. A cette époque, les politiciens ont poussé à la réalisation de grands projets d'infrastructure permettant la circulation des biens à grande échelle, et ont ouvertement aidé l'accumulation privée des argentiers.

Le sentiment de la société à l'époque de Platon était que "les faiseurs d'argent sont une compagnie ennuyeuse, car ils n'ont pas d'autre norme que la valeur monétaire", les gains des faiseurs d'argent ou les avantages des autres par la conformité ou la complaisance. Dans la juridiction capitaliste, les marchands sont des moneyers impitoyables, et leur motivation est de faire une tonne d'argent. Cet objectif ignoble nécessite de trouver le moyen de briser l'indifférence des clients. Les entreprises de l'ère commune, avec l'aide d'un bataillon de *clicktivistes*, sont toutes centrées sur la conjuration des délires des clients. Les marchands imaginent et crachent avec plus d'enthousiasme de nouveaux produits aux fonctionnalités complémentaires que des produits essentiels monotones. Aujourd'hui, les commerçants ruminent sans cesse des procédures astucieuses pour faire fonctionner leurs pièges. La préférence de l'entreprise pour l'indifférence du client semble illimitée lorsqu'elle est mélangée à des stimuli romantiques, des intimidations intellectuelles et une considération individualisée pour les gens ordinaires. Le plein pouvoir de la préférence a été transmis des vendeurs aux producteurs plutôt qu'aux argentiers. Au XXIe siècle, les bailleurs de fonds ne peuvent pas contraindre ou forcer les clients, mais plutôt influencer les acheteurs pour qu'ils prennent des mesures ou réalisent une activité.

"Aujourd'hui, nous expérimentons la notion d'influenceur et d'influencé".
- José Julián Martí Pérez

Personne n'est beau. Ce que nous sommes est une projection convexe de nous-mêmes. Courbé ou bombé vers l'intérieur, notre personnage apparaît mince et grand aux yeux des autres. Qui nous sommes est une projection concave de nous-mêmes. Courbée ou bombée vers l'extérieur, notre estime de soi nous apparaît courte et grosse. Nous disposons désormais d'une quantité inimaginable d'accessoires pour exagérer les traits de notre caricature. La complexité exagérée de cette perception trompée crée un potentiel parallèle de sentiment délirant de beauté. C'est un bourbier psychologique.

Au XXIe siècle, les humains passent collectivement plus de temps à sculpter, promouvoir et retaper des aliments et des marchandises qu'à cultiver ou produire des équipements. La soif de l'argent et la douleur des acheteurs sont les essences les plus fraîches de la valse du commerce et des échanges. Notre examen du commerce et des échanges n'a pas fait de progrès significatifs. Les économistes abusent du terme de "pénurie" pour contrecarrer les influences des bailleurs de fonds et les impulsions des acheteurs, et pour tracer de jolis graphiques. Cette approche astucieuse a eu des répercussions considérables. Le démembrement du commerce et des échanges commence à être imprégné d'approches socialement inclusives. De nouvelles rationalisations des influences de l'argent et des impulsions des acheteurs sont en train de naître. Les clients sont absolument insensibles aux efforts concertés des marchands pour leur procurer de l'extase, à moins qu'un panier de valeurs spécifiques attribuées à un article ne valide leur impulsion. Pour simplifier au maximum, l'indifférence du client dépend des paramètres d'échange, des sentiments intuitifs et du fait de continuer à exister. Les implications de ces propositions sont la clé du chapitre sur Alinéa dans ce livre. Il y a plus que ce que le collectiviste pourrait croire.

Nous sommes d'accord depuis longtemps sur le fait que la nature humaine n'est pas fixe. La nature humaine est essentielle pour élargir la confusion concernant les raisons pour lesquelles nous faisons ce que nous faisons. À première vue, les routines humaines semblent tout à fait absurdes. Les jumelles de la science mettent en avant les causes sociales telles que la pauvreté, l'inégalité et le chômage. L'intellectualisation superficielle de la nature humaine rend le contexte et la perspicacité tout aussi essentiels pour comprendre la propension à agir de toute créature. Les réflexions sociales encadrent la quête d'épanouissement des clients sur une échelle de contingence capricieuse. Les innovations technologiques jettent une nouvelle lumière sur la complexité des systèmes de contrôle des cellules et révèlent que ce que les humains ont longtemps cru être des voix intérieures ou une âme sont plutôt des récepteurs biologiques. Les biologistes ont cessé d'adhérer aux travaux archaïques d'Hippocrate et de Galien. Compte tenu de l'avancée radicale de la science et de la technologie au cours des dernières décennies, c'est une offense de disséquer les acteurs du commerce et de l'échange sur le bout des doigts, sans tenir compte des avancées majeures des neurosciences. Les actions et réactions de l'être humain se résument à des neurotransmetteurs qui jouent un rôle majeur dans le façonnement de la vie et des fonctions quotidiennes. Un neurotransmetteur influence de manière subliminale les actions du client par un nombre remarquable de mécanismes.

Les cinq sens traditionnels sont des capacités physiologiques des organismes. Ils jouent un rôle dans la conversion de certains signaux physiques externes en signaux neuronaux que le cerveau peut comprendre. Dans la mythologie grecque, Zeus a remis à Pandore une boîte en lui disant qu'elle ne devait pas l'ouvrir, mais elle l'a quand même ouverte et a libéré toutes les maladies et tous les maux dans le monde. La tentation est soudée à la proximité dans l'espace. La proximité est la clé de l'attraction. La valeur de la proximité était le facteur dominant pour les clients, ce qui marque l'ère du prémercantilisme.

L'intestin humain est une valeur de subsistance du système nerveux entérique ou, comme l'appellent les spécialistes des neurosciences, notre deuxième cerveau. Cette valeur a marqué le paradoxe du progrès social capitaliste lorsque les terres communales ont été retirées aux paysans et que la notion d'échange de son temps contre un moyen de subsistance s'est répandue. La conséquence de l'augmentation de la densité des travailleurs non qualifiés dans les villes a conduit à la généralisation de la subordination universelle aux besoins physiologiques et à la valeur de subsistance.

La capacité de répondre à des stimuli est une caractéristique fondamentale des organismes vivants. Le système nerveux central recueille des informations sur les modifications de son environnement, tant interne qu'externe. Il traite les informations et les met souvent en relation avec des expériences antérieures. Une caractéristique remarquable est la rapidité de la réponse, qui est pratiquement instantanée. La valeur sentimentale est une nécessité purement psychologique fabriquée par des événements positifs ou des fantasmes. Elle est un symptôme du nouveau paradigme du XXIe siècle.

Sur le papier, la propension à l'action du client peut décidément être anticipée par l'observation ou l'expérience ainsi que par la théorie. L'automotivation à acquérir un article ou à souscrire à un service est, par essence, une évaluation mentale instantanée des valeurs attachées à son prix d'étiquetage. Cela revient à dire que l'indifférence du client à son égard est supérieure à zéro. Le changement cyclique de la valeur d'un client particulier dépend largement de l'ensemble des conditions sociales et politiques. Notre mécanisme sensoriel a joué un grand rôle dans nos émotions primitives. La vitalité des schémas marketing à l'ère de l'Anno Domini est une preuve de l'indifférence et de la fluidité des clients.

La révolution de l'assemblage des données et de l'interaction humaine a mis en jeu une multitude de changements. Elle a modifié la nature de l'argent et de la terre, et a préparé le travail. L'homme de tête de la révolution industrielle a été assailli par des vagues qui ont rétréci ses muscles principaux d'œuvre. La masse corporelle n'est plus l'obstacle à l'efficacité des usines. Les axiomes Von Neumann-Morgenstern sont désormais exclusivement pris en compte dans les processus de décision des commerçants et ne s'appliquent plus à la psyché des clients. Les entreprises sont devenues sophistiquées dans la cartographie des schémas d'impulsions des clients. La durée de vie de la mode est constamment réduite. Les institutions financières réduisent la distance entre nos doigts et nos comptes bancaires. Les échanges d'articles se font de manière virtuelle. Les entreprises comptent sur leur expertise ou leur ingéniosité pour pénétrer profondément dans l'esprit et le portefeuille de leurs clients. La méchanceté des argentiers et les envies illimitées des acheteurs sont des menaces pour toute forme de vie. Il n'y a aucun moyen de mettre un terme à la tendance causée par l'expansion des applications de la connaissance scientifique. L'application des connaissances psychologiques aux intrigues secondaires des économistes démontre la fluidité inhérente des valeurs et rend les acheteurs malléables et à la merci de l'avidité des financiers. Tout cela a des implications considérables pour comprendre les êtres bizarres que nous sommes devenus en général, et pour le commerce et les échanges en particulier.

"Looking Backward a été écrit dans la conviction que l'âge d'or se trouve devant nous et non derrière nous."
- Edward Bellamy

Le vingtième siècle a été un siècle de sang versé et de violence sous le faux prétexte de dogmes sociopolitiques. L'opération Condor, la croisade de répression radicale et d'horreur en Amérique latine, n'avait rien à voir avec le capitalisme contre le mauvais communisme. Sous la surface et derrière la façade, l'enthousiasme du XXIe siècle ne suffit pas à guérir le malaise qui imprègne le monde entier. Nous sommes d'accord depuis longtemps sur le fait que nous devrions conceptualiser un podium de transformation sociale et nous atteler à la tâche plus facile de saisir le nouveau paradigme dans lequel nous vivons. Le contre-pied du capitalisme s'est avéré être du pur chindogu. La conception et l'assemblage irréfléchis d'articles, de concepts et d'obsessions est une indication de la convergence de l'humanité vers un point unique : la mort de la créativité.

J'aimerais qu'il soit loin le temps où l'intellectualisme était un péché d'élite, et où les gens ordinaires considéraient toute étude de la physique et de l'astronomie comme la plus haute vocation. Nous sommes toujours dans un état de semi-végétation cérébrale profonde, au moins quatre-vingt-dix-neuf pour cent du temps. Je me sens bilieux chaque fois que j'évalue des escadrons qui sont pris par des mouvements sociaux banals et le brouhaha des partis politiques. Comment décrire au mieux la nébuleuse trajectoire socio-économique mondiale du XXIe siècle ? Quelques créatures arrogantes, égoïstes et jugeantes poussent le bien-être mondial au bord de l'effondrement, en se moquant agressivement de Mère Nature. Les théoriciens liquident les raisonneurs queer, et le reste du monde les acclame. Pendant que le déraillement social se produit, les blocs traditionnels financent des chœurs de savants eunuques pour nous charmer et nous hypnotiser avec des airs subliminaux et l'arôme de la défécation cérébrale. La plupart des observations sur l'"intermerce" sont pour la plupart des conclusions inexactes et non surprenantes ; et les remèdes prescrits sont souvent complètement faux.

À quoi bon une virée sur une route pavée allant de nulle part à nulle part ? L'idée que l'éducation est le facteur le plus important pour le développement d'une nation ou l'amélioration du niveau de vie d'un individu est un mensonge. L'apprentissage au niveau du collège ou de l'université n'a fait qu'influencer la manière collective de penser à la manière des voleurs d'amasser la richesse et la gloire. La vérité est que l'éducation n'aide pas. Sinon, dirais-je, l'éducation fait de quelqu'un un bon esclave à moins qu'elle ne soit un moyen de participation, d'engagement ou d'implication dans la méthode préférée d'une entreprise pour tenter de briser l'indifférence des acheteurs.

Beaucoup de savants, sinon la plupart, ont l'impression que le devoir qui leur est imposé est d'éblouir leurs semblables et de faire des génuflexions devant des escrocs afin de faire avancer leur carrière. Les doux rejoignent des factions sanctionnées par des doctrines. Ils se transforment en la meilleure forme primitive d'eux-mêmes pour gravir les échelons. Les courageux ont une tendance naturelle à construire un consensus autour d'une croyance irrationnelle en comblant le vide empirique pour justifier l'injustice. La façon de sauvegarder leurs insuffisances est de plonger dans la réalité et de la caricaturer. Ils sont connus comme des créatures totalement mauvaises et veulent imposer leur idéal de justice distributive de différentes manières, allant du trucage du système au massacre de masse. Les demi-dieux imposent une approche intérieurement cohérente pour l'enquête artistique et scientifique en reproduisant l'uniformité de la nature dans l'univers physique sans le sens et l'effet de la non-uniformité du personnage dans la vie sociale. L'explication des concepts par l'emploi d'un processus purement axiomatique ne laisse aucune place à la réflexion. L'asymétrie des théories et de la réalité se prolonge dans la consommation de préjugés.

Le monde entier est en train de combler les nids de poule de la connaissance pour satisfaire le caprice du seul côté de la terre sur lequel nous avons tous appris à compter et que nous envions. L'insouciance des peuples riches épuise la croissance de l'humanité. L'histoire des nations tranquilles et merdiques est que leur témoignage de paix n'est pas le déclencheur d'une amélioration socio-économique, ni un feu vert. La paix elle-même est relative. Les législatures des nations pauvres sont directement redevables aux caprices de magnats occidentaux excentriques. L'inaptitude de leurs citoyens à participer, à s'engager ou à s'impliquer dans le discours contemporain ou dans le commerce et l'échange, ainsi que leurs ambitions désordonnées et amateurs, sont négligées. Les normes de l'hémisphère oriental et de l'hémisphère sud n'ont pas modifié la géométrie des désirs et des besoins humains. Les traditions antiques qui incorporent les airs, la vanité et la religion des anciens locataires font toutes partie de l'écosystème infectieux du tiers monde. Les réalités de l'ingénierie politique de l'Ouest ont laissé l'Est, le Nord et le Sud face à un dilemme monstrueux. Dans leurs tentatives d'empêcher la frustration nocive, le ressentiment et la haine aveugle de se glisser doucement dans leurs systèmes d'irrigation, ils justifient un homicide horrible.

Des fortunes immenses sont créées en pariant sur les triomphes et les catastrophes de l'humanité. Des magiciens des mathématiques fixent le prix de tout et n'importe quoi, un commerce où le bon sens est épileptique. Les gens évaluent toutes les heures combien et à quelle distance du sommet et du bas de l'échelle ils se trouvent, pour s'inventer une joie de vivre. Nous continuons à catégoriser les interactions rapides et à attribuer des sensations à l'apparence. L'obsolescence de la culture embrassée n'empêche pas l'originalité. Les êtres gaspilleurs et insatiables, superposés dans des nations criblées de dettes, ne veulent que de l'originalité, qui ne dure pas. La prédominance de l'illusion d'adéquation intellectuelle est le résultat de l'engagement ignoble des séquences d'enseignement supérieur en faveur du contrôle social et du changement social instantané. L'intelligentsia ne dirige pas le monde. Les érudits sont les serviteurs, pas les maîtres. Des questions précises appellent des réponses brutales. Qui servent-ils ? Nous devons tous, sans aucun doute, assumer une partie de ce gâchis. La soumission du public et l'obstination des riches ont atteint des proportions ridicules.

La capacité à s'autodéterminer et à crucifier toute autre agression qui dénigre un être humain comme une possession n'est pas une nouveauté du XXIe siècle. Les argentiers et les politiciens n'ont cessé de molester les gens, encore et encore. Les crises financières mondiales répétées ont mis les nerfs à vif et révélé de profondes fractures culturelles. Les villes qui interdisent de nourrir les animaux ont adopté des mesures visant à empêcher les gens de nourrir les sans-abri. L'égocentrisme et la diablerie sont épicènes. L'approvisionnement des riches a atteint un nouveau sommet de folie. L'élite ne se regroupe plus dans des enclaves minuscules : partout, des réserves sont creusées dans les villes pour elle. Nous participons activement ou nous assistons à la dégradation et à la déshumanisation de notre propre espèce. Le monde fait une fixation sur les substituts du bon et du mauvais raisonnement et reste inconscient du coût caché du capitalisme. Nous avons potentiellement assez à distribuer. L'hypothèse de la rareté fait disparaître la répartition des richesses tout en occultant la créativité.

L'ancienne théorie de la valeur du travail suggère que les prix relatifs des biens reflètent le nombre moyen d'heures de travail nécessaires pour les produire. Au XXIe siècle, la quantité d'heures de travail n'est pas le principal moteur des prix. La vitesse à laquelle la compétence humaine subjugue les imaginations pour remplir impitoyablement le temps et l'espace entre la naissance et la mort et pour aérer les egos est stupéfiante. Ce rythme rapide a rendu la colonisation de nos besoins et de nos envies agréablement complexes pour les inventeurs et lucrative pour les argentiers. Ce faisant, au lieu du nombre moyen d'heures de travail, c'est la qualité des moyens nécessaires dans une entreprise pour produire une marchandise ou fournir un service qui établit les prix relatifs. Et la capacité d'une entreprise à briser l'indifférence des acheteurs en distinction pour estimer la valeur économique d'une marchandise ou d'un service fixe sa rentabilité.

Le capitalisme a été le point de départ organique de transformations sociales hasardeuses provoquées par la révolution industrielle anglaise. Nous nous sentons tous déconnectés, plus que jamais, sous l'arrangement social et politique qui prévaut encore. Afin de donner vie à l'épouvantable complot des riches "deux poids, deux mesures", les lumpen-intellectuels mutilent l'appréciation de l'être humain. Ils parviennent à faire passer la nouvelle déviation culturelle pour une autre phase de la révolution industrielle. Les expériences d'apprentissage consistant à multiplier la pauvreté et le crime puis à soustraire la réalité ouvrent la porte à des recherches avancées en économie et en théologie. Les scientifiques endurcis maîtrisent l'art du flou pour bien servir les maniaques en amenant le public à détourner le regard des solutions évidentes à leur énigme. La compassion est devenue un cauchemar et une parodie pour les voyeurs new age de la souffrance des autres mortels ou de l'illusion d'opulence éternelle de la classe supérieure indigène. Nous sommes tous en train de coudre notre bouche sur le cul de ceux qui sont plus privilégiés que nous. Le monde s'est mis à l'aise avec toutes les formes redoutables d'inégalités socio-économiques. La classe ouvrière s'est transformée en de scandaleux mille-pattes humains.

Le diagnostic des principaux bouleversements du XXIe siècle, l'inégalité des richesses et le changement climatique, ainsi que les escarmouches des classes sociales résultant du changement de paradigme révèlent que nous avons un besoin urgent d'une morales nuvem cōnsēnsus. Cela fera naître des pactes sociaux, commerciaux, intermerce et politiques appropriés au vingt-et-unième siècle et au-delà.

Nova Harmonia

"Depuis des temps immémoriaux, l'homme a souhaité appréhender la complexité de la nature en fonction d'un nombre aussi réduit que possible de concepts élémentaires."
- Mohammad Abdus Salam

*Q : Pouvez-vous nous parler un peu de votre parcours
en économie ?*

R : J'ai grandi dans un pays du tiers-monde où il
n'existe que deux classes socio-économiques, les
quelques puissants tout-puissants au sommet tandis
que le reste des masses dépravées se débattent au bas
de l'échelle ; et lorsque vous prenez la même photo et
retracez la même réalité à travers les implications
géopolitiques de la guerre froide sur l'économie
nationale, tout le monde est victime. Cette expérience
vous rendra soit résigné à être l'esclave du système,
soit vous ferez de l'injustice socio-économique la
mission de toute une vie. J'ai choisi cette dernière
option, et j'ai fini par passer suffisamment de temps
dans des monastères économiques rigoureux où ce
domaine est enseigné comme une science. Avec le
temps, j'en suis venu à rejeter cette notion, et j'ai
délibérément choisi la dialectique des économistes
classiques, une approche de la discipline économique
comme un art de la substance sociale. L'économie est
un complément à mon arsenal de formation
académique en affaires (comptabilité, gestion et
finance), à la philosophie, à la politique et aux
tragédies de la vie réelle. Tous ces éléments se
retrouvent dans le contenu et le style de mes écrits, qui

font l'objet soit d'insultes cinglantes, soit d'éloges abondants parce qu'ils ne sont pas transmis dans la cadence "normale" de l'économie.

Q : Vous vous insurgez contre l'injustice sociale et l'inégalité économique ; qu'est-ce qui vous a inspiré ?

R : Ma colère est née de ces magiciens qui jouent avec des modèles économiques remplis d'hypothèses qui bafouent l'humanité. Le problème est que le monde universitaire de l'économie a agi comme si la question principale, la distribution des richesses, avait été résolue. En conséquence, le domaine s'est transformé en un processus mécanique de formulation de résultats. Cependant, lorsque vous voyagez, que vous rencontrez des personnes réelles et que vous êtes témoin des conséquences ravageuses du capitalisme, vous ne pouvez-vous empêcher d'être en colère, comme moi, et de vouloir réexaminer le statu quo.

Q : Votre livre "Economic Jihad" s'attaque au cœur du capitalisme. Qu'est-ce qui ne va pas avec le capitalisme ?

R : Il n'y a rien de mal au capitalisme. C'est un système qui est bien adapté à un monde et une époque différents, où l'esclavage était considéré comme un modèle de production efficace et où la bigoterie était l'une des méthodologies respectées pour développer des constructions sociales. Nous en sommes venus à oublier que le capitalisme a vu le jour en Angleterre à une époque où les paysans perdaient leurs terres et n'avaient pas de compétences, et où la plupart de ce qui était apporté sur les marchés était produit à la main. Dans ce tableau, les masses étaient à la merci des bourgeois, qui possédaient la capacité et le droit de lancer une entreprise, et contrôlaient les moyens de production primaires. Cela ne justifie pas les injustices sociales inhérentes au capitalisme, mais cela démontre à quel point il était facile pour quelques coupables d'asservir les masses laborieuses qui ne recevaient qu'une maigre rétribution, également appelée salaire. L'argument de la négociation de classe a changé. À la lumière de ce changement, nous ne pouvons plus rester complaisants face à ce système économique sauvage et franchement archaïque.

Q : Pourquoi êtes-vous en faveur de l'abandon de nos vieilles croyances financières et économiques ?

R : Au XXIe siècle, nous ne faisons plus de commerce ; la notion de "moyens de production" est devenue une erreur. Le marché a été remplacé par une interaction ouverte, et maintenant, plus que jamais, les gens acquièrent et possèdent les moyens de s'engager, de participer ou de s'impliquer dans une organisation. À la lumière de ce nouveau paradigme, il est abominable que les financiers se taillent encore la part du lion de l'excédent d'une entreprise. Dans Cast Away : For These Reasons, je plaide en faveur d'un réexamen de la manière dont nous considérons et négocions la rétribution. Et c'est là que l'éthosisme entre en jeu.

Q : Qu'est-ce que l'"éthosisme", et pourquoi les gens doivent-ils comprendre ce concept ?

R : L'éthosisme est un terme que j'ai inventé pour refléter l'individualisation des interactions ouvertes qui se produisent actuellement dans notre vie quotidienne. Cependant, le monde doit encore cesser d'écouter les placiers capitalistes et les lumpen-intellectuels, et accepter ce nouveau paradigme comme une nouvelle façon d'encadrer le commerce. Il s'agit d'un véritable système de méritocratie qui pourrait placer 99 % au sommet tout en prenant soin des 1 % au bas de l'échelle. Dans mon livre, je vais même plus loin et je dis : "Débarrassons-nous complètement de l'économie ; elle est envahie par une cacophonie stupide. Pourquoi ne pas repartir à zéro avec une étude du paradigme quantique sur la façon dont nous transformons, vendons et achetons, et surtout, distribuons les surplus."

Q : Comment l'"éthosisme" peut-il nous protéger contre un système monétaire corrompu ?

R : Beaucoup de gens m'ont posé la même question. Mettez de côté le fait qu'il n'y a pas de remède au mal et gardez à l'esprit que, contrairement à ISIS, qui vous coupera les mains pour avoir volé, cette révolution socio-économique dans le cadre que je conseille retirera le pouvoir aux capitalistes fumeurs de cigares. Ce faisant, elle désintoxiquera les vestiges de notre culture financière.

Q : Où peut-on se procurer votre livre et en savoir plus sur l'"éthosisme" ?

A : Attendez une minute ! *Economic Jihad* est sorti il y a quelques mois à peine. Même si j'ai écrit tous mes livres à peu près en même temps, j'ai décidé de lancer *Economic Jihad* en premier, car il y a des concepts et des terminologies qui doivent être digérés. L'édition française de ce livre, *L'enfer c'est lui : Génocide économique*, sort en mai 2015, et je pense qu'une année est suffisante pour construire une plateforme pour un nouveau débat sur l'injustice économique sociale avant de sortir mon deuxième livre. Éthosisme est actuellement répertorié, prêt à être précommandé, et sera disponible le 25 décembre 2015.

Interviewé par Robert J.R. Graham.
1er février 2015

Chapitre IX

Alinéa

"Tous les hommes sont doués des mêmes qualités et des mêmes défauts, sans distinction de couleur ou de forme anatomique. Les races sont égales."
- Joseph Auguste Anténor Firmin

L e postulat selon lequel tous les humains sont égaux en fonction de la possibilité de mettre fin à la vie d'autrui est une sagesse conventionnelle de longue date. Nous différons les uns des autres par l'évaluation de notre dignité et de nos droits qui dépendent de la manière dont nous acquérons et possédons nos moyens de participation, d'engagement ou d'implication dans une entreprise publique ou privée. Le changement de paradigme du XXIe siècle ne sera plus longtemps le seul objet des fantasmes des anticapitalistes. A quand le prochain lot de concepts d'économie politique ?

De brillants penseurs affirment que l'abolition du capitalisme est une idée irréalisable. Même dans une partie du monde où le mécanisme du marché libre n'est pas très bien compris ou profondément théorisé, il est largement adopté et appliqué. Les lumpen-intellectuels mettent en place des scénarios pour que l'esprit ordinaire soit désorienté. Tout mortel ordinaire a l'impression d'avoir autre chose à dire concernant la justice distributive, pour laquelle les sermons dominants sont devenus standardisés. La mauvaise foi se fonde imprudemment sur les sentiments présomptueux de la connaissance et de la bienveillance de l'élite, sur le trop-plein de bon sens, et sur la capacité de connaître la réalité avec certitude, dans le milieu universitaire. Le calibrage aérodynamique distributif répond à la norme de la loufoquerie et de la durabilité en trompant les sens humains.

Une fenêtre péricardique dans les schémas de pensée de l'humanité suggère que la perversion de l'égalité, d'une idéologie à un vieux concept social, est d'autant plus dangereuse lorsque la défiance envers les injustices sociales, commerciales et politiques ne prend pas la forme appropriée d'une tentative d'exode idéologique. Il y a une raison probable à la triple coïncidence des désirs et des retouches : rebattre les cartes de la répartition des richesses entre les argentiers, la classe ouvrière et les politiciens. Le procès n'était pas qu'une affaire de mathématiques et de jolis graphiques jusqu'à récemment. Les outils de manipulation de l'information remplacent les airs monotones néoclassiques dans le mécanisme de changement social.

Les gens ordinaires se lancent dans des croisades messianiques lorsqu'ils sont persuadés que la meilleure façon d'atteindre leur utopie sociale, commerciale et politique est de recourir aux conventions capitalistes des mérites de la douleur. Dans certains prétextes déroutants, ils font délibérément fi de l'incohérence des faits fournis et de la valeur de ses moyens. La société est dans un état de conflit perpétuel non pas en raison de la concurrence pour des ressources limitées, mais plutôt parce que les capitaines d'industrie limitent l'accès ou la disponibilité des ressources et de leurs alternatives. Les chants contre les injustices se sont transformés en actes verbaux maladroits. L'asile dirigé par les détenus, c'est-à-dire l'inefficacité sociale, ne va pas de pair avec l'objectif de l'humanité d'éviter l'Armageddon environnemental.

L'expression ultime de ce que l'homme peut faire avec ce qu'il arrache aux préjugés est exceptionnelle. Les festivités des pouvoirs de la raison humaine ont réorienté les foyers sociaux vers les idéologues qui font gober des codes à la masse. Les solons ont cherché à arracher les éléments les plus primitifs de l'existence mondaine de l'humanité. Les économistes politiques classiques ont tracé et redessiné les frontières de l'existence harmonieuse de l'humanité. Ils étaient enfermés dans une bataille entre une analyse empirique fragile et une analyse inductive floue. C'était une question d'ego pur. Les intellectuels considéraient les pauvres comme du bétail à parquer dans des cages bien délimitées. Dans l'interaction entre plusieurs idéologies, celle qui comptait les théoriciens les plus froids établissait sa primauté sur les autres. On pourrait espérer que ces propriétés de construction sociale ne sont rien de plus qu'un flegme du passé ; une anomalie plutôt que la norme.

Le fait d'aboutir à l'exhumation de quelque chose par préjugé permet de s'éloigner de la mauvaise interprétation de soi. De l'évaluation du vernis de l'esclavage à l'excavation de la cause de l'anxiété mondiale actuelle, il est clairement établi que chaque société est porteuse du même trouble génétique. La simple existence des Amish, des Juifs hassidiques, des Madrassas, des guerres tribales, du racisme et des despotes pourrait constituer une preuve suffisante que nous, les humains, ne sommes toujours pas meilleurs que les brutes dans la façon dont nous utilisons nos neurones. Ces mesures de dissuasion fondées sur le bon sens empêchent les simples d'accéder au centre de gravité du XXIe siècle. Comment concilier autrement les folies mondiales persistantes et les hostilités inutiles avec les prétextes à l'inégalité socio-économique et le déni d'un probable cataclysme environnemental ? Nous avons tous un chromosome inactif pour une prédisposition à la vertu, et la tendance naturelle à opter pour le mal. Sans distinction de la quantité de mélamine ou de la forme organique, nous sommes tous une fusion d'aptitudes et de défauts. Les propensions excentriques des humains garantissent des changements constants de paradigme.

"L'espoir est comme un chemin dans la campagne. À l'origine, il n'y a rien - mais à force de marcher sur ce chemin, un sentier apparaît."
- Lu Xun

On peut fixer un écran pendant des heures et des jours, ou caresser un clavier pendant des semaines, avant de cracher quelque chose digne de considération. Il n'y a pas beaucoup de variantes à cela. Mes contradictions s'ajoutaient à mon idéalisme, ce qui amplifie la difficulté d'apprendre de nouvelles émotions ou d'interpréter les expressions faciales. La plupart du temps, je me sentais sans vie, sans intérêt même pour moi-même. Pour concevoir une alternative au capitalisme, la matrice d'Erik Olin Wright comporte trois étapes : élaborer un diagnostic et une critique précis du monde tel qu'il existe ; imaginer des alternatives viables ; et comprendre les obstacles, les possibilités et les dilemmes de la transformation. La deuxième étape incite à fabriquer une vérité. La troisième étape vise simplement à influencer les lecteurs à accorder plus de respect aux personnes qui avancent des arguments valables contre la "raison de vivre" des argentiers.

Les principes de Wright sont portés loin par des dissidents qui restent assis sur leurs pieds. La photo de Karl Marx me regardant fixement, les joues rougies, ne semble offrir aucun indice dans une autre direction. Naturellement, j'étais agacé et j'ai fait un pèlerinage au cimetière de *Highgate* à Londres. J'essayais de pisser sur la tombe d'Herbert Spencer tout en examinant la pierre tombale de Marx, lorsque tout a pris un sens : "Les philosophes n'ont fait qu'interpréter le monde de diverses manières. Le but, cependant, est de le changer". Certaines personnes entendent leur voix intérieure avec une grande clarté. J'entendais George Bernard Shaw marmonner : "Le plus grand problème de la communication est l'illusion qu'elle a eu lieu". C'était comme s'il me disait que ce n'était pas parce que sa voix était dans ma tête que je devais supposer que d'autres personnes pouvaient l'entendre.

Albert Einstein est mort en laissant sur son bureau un manuscrit inachevé sur la théorie des champs unifiés. Il y a eu une autre grande quête, celle de créer un monde sans pauvreté ; et cela, pour certains, n'est qu'un frisson ou, pour la plupart, est franchement insensé. Il n'y a pas si longtemps, l'abolition de l'esclavage était une idée impossible et irréalisable. Ne pas respecter la morgue est rarement pratique. Les âmes naïves qui ont tenté de donner de l'importance aux réalités sociales à partir des systèmes sociaux et politiques dominants ont fini par mourir ou par se transformer en un élément supplémentaire du broyeur. Puisque l'essence de l'existence influence plus que l'avenir d'un individu, les échappatoires ne peuvent être trouvées que dans son désir. L'aura de la justice sociale, indispensable aux cultes séparatistes, s'affaiblit sur la conscience et la pertinence de la justice distributive. Le changement ne dépend plus de la justice distributive. Les sages anticipent un changement d'attitude bourgeonnant, de ne pas travailler pour les gens à travailler avec les gens. Les argentiers se dépêchent de créer une nouvelle condition viable pour l'auto-esclavage. Avec l'aide des conservateurs des pratiques passées, ils ont trompé le public en lui faisant croire que la productivité est la seule option pour maintenir à flot le bateau socio-économique mondial. S'agit-il d'un choix entre des perspectives ou des paris ? Ce scénario fait fi de la nature de l'être humain et met en évidence les hallucinations des économistes. Notre obsession sur la façon de s'adapter entraîne l'humanité vers un abîme sombre.

Les connexions informatiques coopératives et autonomes du monde entier remplacent peu à peu l'éducation formelle en offrant la plus ancienne monnaie échangeable connue dans l'histoire, la connaissance, en quantité méprisable. Les modèles éducatifs actuels sont de plus en plus comprimés en parcelles guidant les étudiants à acquérir des connaissances par eux-mêmes. Pour survivre aux divers tourbillons destructeurs mondiaux, les individus doivent continuellement étendre et accélérer leur savoir en combinant l'éducation formelle, l'expérience de la vie réelle et les éléments de preuve tout chauds de l'Internet. Les technologies de l'information doivent encore nous bombarder harmonieusement de bruits, d'alibis et de statistiques jetables. La vaste mer d'informations biaisées et de preuves partielles perturbe la légère causalité entre l'information et la sagesse. Le chemin qui mène de l'interprétation à l'inspiration pour faire de l'information un élément de connaissance n'est pas non plus sans heurts.

"Quand un grand moment frappe à la porte de votre vie, il n'est souvent pas plus fort que les battements de votre cœur, et il est très facile de le manquer."
- Boris Leonidovich Pasternak

Tous les êtres humains ont un talent pour capter la vibration des événements. Les despotes en sont effrayés. Les radicaux ont tendance à se laisser submerger par elle. Les financiers veulent en profiter. Les autres ne savent pas quoi en faire. C'est un endroit étrange et fatigant, où l'on perd le contrôle de sa vie, mais pas de sa volonté. La capacité à se socialiser et à apprendre à se socialiser peut être autotomisée sans perdre le facteur humain. Pour les universitaires, une erreur n'est pas un prétexte pour laisser la nature suivre son cours ; c'est une occasion d'échafauder un autre plan machiavélique. La réduction de ce qui est humain à la prudence ou à la solidarité est la racine de tous les maux, en économie. Une clique a dépeint les êtres humains comme des machines froides et calculatrices qui recherchent la prudence. Ils ont renforcé la vision de l'argent de l'amélioration de la société. L'autre groupe se concentre sur l'imposition d'un sentiment de cohésion, car ils pensent que la solidarité humaine est le seul moyen de juguler l'injustice. Ils ont retravaillé les manigances de Marx pour les juger acceptables dans le monde du XXIe siècle. Les esprits qui ne sont pas remplis de lexiques économiques saisissent facilement la confusion et l'absence de sens des arguments diaboliques actuels. Débattre des mêmes vieilles idées est, franchement, inutile. Nous nous obstinons à essayer de réparer quelque chose qui est brûlé au nom des souvenirs ou de la paresse. Les êtres vivants doivent respirer le parfum qui les entoure, et la conscience de leur insomnie nuance la validité des accusations et ma frustration.

La fortune des super riches n'est plus attachée à une infrastructure visible. La rareté des nouveaux concepts sociaux est organique lorsque nous laissons l'ancienne façon de faire des affaires se glisser dans le but de distribuer le butin de manière appropriée entre les membres d'une entreprise donnée. Nous avons eu de la chance jusqu'à présent ; nous avons eu quelques crises cardiaques mondiales et régionales, mais pas d'attaque. Les idéaux utopiques persistent dans la conscience collective malgré l'absence d'une base intellectuelle solide, car les gens ressentent le changement de paradigme au plus profond de leurs tripes. Le temps rend toutes les observations construites par l'interaction humaine avec les autres faillibles, et toutes les théories révisables et périssables. Les marchands d'idées ne devraient pas se contenter de grommeler et de gesticuler leurs frustrations à ce sujet. Les personnes privées de leurs droits ont piqué une crise de colère de manière différente. Il y a une satisfaction morbide à traiter avec condescendance les nôtres en aidant quelqu'un qui nous ressemble à grimper sur notre dos et à s'asseoir à la table des ogres. Les vengeurs socio-économiques font en sorte que l'idée d'embrasser le Boer et d'embrasser le fermier semble être une option attrayante.

Le sentiment de misère des gardiens du capitalisme et des faux shinigamis commence par "l'étude montre". Les dissidents attestent, avec un certain degré d'espoir délirant, que le régime est voué à l'autodestruction. À notre époque, quiconque croit que "le communisme est la seule voie possible pour la vie humaine" est probablement un fugitif de l'armée rouge qui vit dans l'âge des ténèbres et qui doit en sortir. Les militants qui débordent du désir ardent de sauver le monde ne sont bons que pour les parades. Leurs solutions intensifient la marge de la tragédie et la différence entre égalité et probabilité. Dans un nombre limité de cantons, infime par rapport à l'ensemble de la société, la colère a été dirigée contre un seul aspect du capitalisme ou du communisme qui a affecté cette communauté particulière à ce moment précis. Aucun des émissaires du passé n'est suffisamment équipé pour s'attaquer aux problèmes sociaux existants. Leurs recettes sur la table résident dans le fait qu'ils viennent d'époques et de lieux qui n'existent plus.

"Vivre n'est pas synonyme de se contenter d'avoir un mouvement. C'est se mouvoir en fonction de sa volonté... on pourrait dire qu'avec les actes, on commence à vivre réellement. En conséquence, quand on se déplace par sa propre volonté et que cela conduit à la destruction de son corps, ce n'est pas une négation de la vie. C'est une affirmation."
- Fumiko Kaneko

Le néoplatonisme, les marabouts, les sages espagnols et autres aficionados et scolastiques de différentes époques ont tous fondé leurs recommandations sur leur appréhension de la bulle dans laquelle ils vivaient. Le temps plie et mélange le destin. Les vagues passées de regroupements de pensées ont cherché à découvrir le thème central des sagas de la vie quotidienne des gens qui tentent de satisfaire leurs besoins tandis que d'autres en abusent ou tirent profit de leurs désirs. Le péché véniel des analyses sociales était l'absence de sentiment, d'émotion, d'intérêt et de préoccupation pour le bien-être physique et financier des pauvres. Elle confondait la mesure insensée de la réussite des privilégiés et les convictions irrationnelles fermes des paysans, fondées sur la religion. La tendance particulière à utiliser les croyances et les pratiques de la clique avec laquelle on est le plus familier comme référence pour la norme a altéré la signification du mérite dans l'attribution des privilèges et des charges. Deux notions font l'objet d'un consensus : la classe ouvrière est immature et l'échelle raciale de l'humanité va du blanc (les humains) au noir (les bêtes). La reconnaissance intellectuelle était une question de jugement résidant dans la basilique ou le sentiment de l'aristocratie. L'intelligentsia avait tout intérêt à renforcer les préjugés répugnants en crachant des hypothèses qui repoussaient les frontières de la dégradation de la conscience collective. C'était l'époque où les protestataires étaient massacrés, où les rationalistes étaient brûlés sur des croix et où les humains possédaient des humains.

Le côté fonctionnel de la planète ainsi asséché a laissé le vingtième siècle avec une forte dose d'incertitude quant à l'avenir. Le XXIe siècle a l'occasion, la bonne excuse et les moyens de réorienter la locomotive qui tire les wagons sociaux, commerciaux et politiques sur la bonne voie, dans la bonne direction et vers la bonne destination. La pile visible des victimes du capitalisme et des vulnérabilités des sociétés offshore anonymes met les différences en mouvement. Naître et grandir dans une mer de douleur ne suffit plus à faire croire que le monde entier n'est qu'une grande ville solitaire. Une évolution juridique des plaidoyers est en train de remodeler le concept orthodoxe d'amélioration générale du niveau de vie. La manière misérable d'articuler le bon usage de l'argent désamorce les privilèges infantiles du riche. Le monde ne devient pas moins occidental ; la variation périodique globale devient moins familière au baron occidental.

Les nouveaux apprentis sorciers réclament une approche à haut débit de l'enseignement économique qui les aiderait à disséquer de manière constructive et compressive les phénomènes auxquels leurs contemporains sont confrontés. D'âpres controverses, développées sur la validité du bénéfice des politiques sociales occidentales, commencent à tirer des défis de l'endroit le plus merdique de la planète où celles-ci sont mises en œuvre. La quête d'amélioration de l'expérience humaine a changé de vitesse. À un degré négligeable, des progrès ont été accomplis pour dépeindre les gens ordinaires comme avides, lascifs et fourbes, mais de façon moins pathétique. Bien que le cadre occidental soit le moyen le plus inapproprié de généraliser les courants comportementaux sous-jacents dans un monde culturellement vibrant, le reste des sciences sociales s'appuie sur lui de manière paralysante, pour tout.

Il y a plus que le fait de snober le berceau de la pensée comme si la réalité était statique ou que l'argument était déjà gagné. Le comptage et l'arithmétique sont restés longtemps le panache de la bourgeoisie. Les mathématiques ont fait la gloire de ses druides. La remise à neuf de la colonne vertébrale de l'humanité, ou l'effacement de la frontière entre la responsabilité individuelle et la responsabilité collective, est énormément plus lucrative que la découverte des échecs, le dégonflement des idéologies et la prévention des catastrophes. C'est une tâche ardue que de mesurer l'authenticité de l'hypocrisie dans un domaine comme l'économie, la théologie ou la politique, lorsque la vanité et l'insatiabilité y sont présentes à parts égales. Les algorithmes recréant les processus de décision humains détiennent la capacité de faire volte-face à un niveau plus sophistiqué, ce qui nous rend humains. L'hétérogénéité du discours est inutile lorsque les chamailleurs recherchent l'adulation et les applaudissements records des partisans inconditionnels de leurs principes.

"Une dette émotionnelle est difficile à régler."
- Robert Beck

Le désespoir est un psychédélique qui n'induit pas d'euphorie, mais transmet le sentiment de ce que signifie être humain. La disparité prend la forme la plus laide, la pandémie d'injustice, lorsqu'elle est alimentée par la ségrégation des richesses et les préjugés intellectuels. Le regroupement des "nantis" et des "démunis" ne se fait pas sur la base du mérite. On ne passe pas d'un de ces blocs rigides à un autre en adoptant les croyances de l'autre camp. En ce qui concerne les riches, il n'y a pas à se demander si la mentalité "tuer ou être tué" est "bonne" ou "mauvaise" ; c'est simplement "la loi de la nature". Les pauvres le croient aussi. Nous sommes tous prisonniers de conventions idiotes et maladroites. Nos vies sont pleines de rituels absurdes d'assurance. Le facteur déterminant de la bulle du marché immobilier dans différents endroits et à différentes époques expose le même optimisme stupide et sans espoir qui remplit la tête des riches comme des pauvres. Défier les normes avec arrogance implique de ne se refuser rien d'autre que la vérité.

Notre surappréciation actuelle de l'hémisphère occidental a mal caractérisé le triomphe du bien sur le mal. La révolution industrielle a creusé un fossé entre les classes sociales, semant la méfiance, la discorde et l'antagonisme. Les humains qui dévoraient les espoirs d'autres humains n'étaient pas rares comme les dents de la poule. La productivité est devenue synonyme de profit. Pour l'élite européenne, c'était une époque de changement, une époque de grands bouleversements. Pour tous les autres, c'était le temps de la misère. Les propriétaires de plantations recherchaient les garçons, les hommes et les femmes uniquement en fonction de leurs "talents". Pour les filles, la soumission à la copulation de leurs maîtres était un critère supplémentaire. Les fervents défenseurs du droit d'agir, de parler ou de penser comme étant inhérent à tous les êtres humains ne manumatisaient pas leurs esclaves. Leur compromis concilie la liberté et l'inévitabilité du mal dans leurs colonies avec le principe d'expansion de la sphère d'influence.

Au cours du vingtième siècle, chaque construction sociale, commerciale et politique a subi plus qu'une rhinoplastie dans un effort désespéré pour échapper à toute responsabilité. Pour les bonnes raisons, le capital est toujours défini comme la partie de la richesse qui a été consacrée à l'obtention d'autres richesses, comme l'a déclaré Alfred Marshall. Les vues profanes sur la classe ouvrière et les dispositions hiérarchiques entre les acteurs du commerce et de l'artisanat sont restées les mêmes. En mettant les pauvres et les pays pauvres dans le même sac, la machine de propagande de chaque camp a pu mettre en avant et vendre des histoires de tragédie et de triomphe. Le hoi polloi se rendait en somnambule dans une usine et accomplissait un nombre limité de tâches. Pour leur contribution pathétique, ils recevaient un moyen minimal de subsister jusqu'à ce que leur kilométrage de productivité soit épuisé, après quoi ils étaient renvoyés chez eux avec un bouquet de fleurs pour attendre une mort imminente. Ce cycle faisait de la vie une mascarade sans intérêt.

"Les alchimistes, dans leur recherche de l'or, ont découvert beaucoup d'autres choses de plus grande valeur."
- Arthur Schopenhauer

Autrefois, de minuscules et frêles créatures étaient droguées et séquestrées pour être transformées en machines à tuer. Les garçons qui réussissaient le parcours pour devenir un homme cherchaient avidement à prouver leur sadisme au combat pour gravir les échelons de la pyramide féodale. Ceux qui ne pouvaient pas être convertis en ogres étaient formés pour devenir des métiers afin de fabriquer et d'entretenir les objets indispensables à leur communauté. Une fraction de ce groupe apprenait ensuite à identifier les propriétés des matériaux. Les artisans indépendants compétents et réputés qui préservaient les traditions et les rituels de leur métier prenaient d'innombrables tyros sous leurs ailes, d'apprentis à compagnons. Seul un certain nombre d'entre eux sont devenus des maîtres artisans. Le roi accordait des terres aux barons et aux vassaux selon son bon vouloir. Ce modèle de système de guilde et de chevalerie n'était pas particulier à un continent ou à une époque sauvage.

Une fois que les argentiers ont maîtrisé l'art du gain privé illégitime, ils ont commencé à rêver d'un processus parfait d'ajout de valeur. La transformation de la classe traditionnelle des agriculteurs d'une société agraire en une société industrielle a écrasé la liberté du travail et guillotiné la capacité de la classe ouvrière à s'émanciper. Après une réflexion plus mûre sur la révolution industrielle qui avait enhardi les bourgeois en différents endroits, les argentiers arrivèrent à la conclusion qu'ils avaient simplement mal compris le sens de la domination. Les capitaines d'industrie sont revenus sur leurs pas, et ont finalement réussi à trouver la clé dans l'une des portes où le peuple avait d'abord semblé ne rien savoir du profit : le monde universitaire. En externalisant le coût de la formation et en constituant une main-d'œuvre prête à être exploitée, les financiers ont ouvert les vannes de l'éducation formelle. La philanthropie sournoise d'argentiers qui ne croyaient plus au salut de leurs entreprises par le Christ a ouvert une autre porte aux pauvres : l'enseignement supérieur. Elle a conduit à la prolifération des applications des connaissances scientifiques.

Il est difficile de briser le carcan de l'auto-esclavage. Les motivations des magnats de l'industrie pour démocratiser l'éducation n'étaient pas complexes et variées. Les pauvres cherchaient la sécurité en apprenant un métier afin d'intégrer une entreprise. Pour les argentiers, le schéma a ricoché, alimenté par un changement philosophique dans l'esprit de l'élite académique de l'intellectualisme qui servait de trampoline à la production de leurs usines. Les slogans de longue date sur la division du travail et l'hymne moderne à la spéculation sur la spécialisation en sont venus à rationaliser la surconsommation sans prêter attention au nouveau décor pittoresque derrière la scène. L'impuissance des anciennes normes devient profonde, car nos envies psychologiques deviennent centrales à l'existence humaine.

Les chercheurs sous-estiment généralement la véritable essence du changement de paradigme, conséquence directe de la métamorphose sociale, commerciale et politique du vingtième siècle. Une compétence ou un métier, ou l'aptitude à accomplir un ensemble spécifique de tâches, est sans aucun doute moins important qu'un moyen de développer la capacité d'agir dans diverses fonctions. Qu'est-ce qui fait du XXIe siècle une époque particulière ? L'emplacement et le nombre d'individus qui acquièrent et accumulent de superbes moyens de participation, d'engagement ou d'implication dans les discussions ou les entreprises contemporaines ont donné naissance à des écosystèmes de créativité dans le monde entier. La manière égoïste de couvrir l'odeur de la mortalité idéologique est de dévaloriser les paradoxes socio-économiques actuels et à grande échelle.

Le spectre des gadgets a accru la sensibilisation. Ils donnent aux apprenants les moyens d'évaluer de manière critique les voix dans leur tête. Chaque jour, les gens ont gagné le droit à la conscience et la capacité de coder l'avenir. Dans l'hémisphère occidental, ils sont conscients des deux. Les moyens de production ont été rétrogradés. Les humains passent plus de temps à sculpter collectivement, à promouvoir et à peaufiner les aliments et les marchandises qu'à cultiver ou à produire des commodités.

Un changement de paradigme et une réécriture du code génétique menacent de laisser la place à une autre forme d'êtres ou de sélection naturelle. De nouveaux appareils ont démontré que le cerveau humain est beaucoup plus sophistiqué que nous le pensions. Dans le prolongement de cette percée neurophysiologique, l'onde de choc des verdicts des économistes comportementaux aurait dû être ressentie au-delà du milieu universitaire. Le verdict des sociologues mélancoliques manque d'importance en limitant l'implication vers le bazar et la manipulation mentale. Les suppositions victoriennes actuellement utilisées pour justifier pourquoi les individus font ce qu'ils font ne sont plus adéquates. Il est difficile d'expliquer aux initiés les péchés de leurs pères.

La disparité socio-économique s'est depuis longtemps dégradée, passant d'organique à inorganique. Le pouvoir du bon sens aurait dû suffire à desserrer l'emprise du capitalisme sur nos esprits, tout comme il l'a fait pour le socialisme, le communisme, le fascisme et l'anarchisme. Collectivement, les autoroutes de l'information nous ont rendus plus éloquents et plus intelligents. En fin de compte, l'humanité dans son ensemble a besoin d'un changement mental et d'un redémarrage moral pour rompre le contrat psychologique qui a attaché l'humanité aux anciens arrangements sociaux, commerciaux et politiques depuis bien trop longtemps. L'humanité attend une raison valable pour réviser le catalogue de ce qui ferait du monde un endroit meilleur. Je propose deux raisons. Le commun des mortels qui possède ses moyens d'engagement, de participation ou d'implication est devenu une culture mondiale. Le capital est au XXIe siècle que les moyens qui sont verrouillés dans l'obtention de la richesse, ergo, il vaut la peine de répéter ici qu'au lieu du nombre moyen d'heures de travail, la qualité des moyens nécessaires dans une entreprise pour produire une marchandise ou fournir un service établit les prix relatifs.

"Il n'y a pas de vérité originelle, seulement une erreur originelle."
- Gaston Bachelard

Le regain d'intérêt pour la remise en cause du principe fondamental du partage du butin s'est avéré malencontreux. L'aspect le plus critique de l'insatisfaction universelle en termes d'arrangements sociaux a été principalement escamoté dans le débat en cours sur les motivations primitives et les fantasmes obscènes des humains. Le nihilisme imprègne la nature profonde de peu d'êtres humains. Les penseurs d'une objectivité remarquable qui ont fait du monde une arène scientifique poussent et tirent obsessionnellement la logique sous tous les angles. Lorsque des individus frappés par l'instinct de vérité examinaient les humains, ils trouvaient toujours de l'indignité. Leurs fluctuations les plus extrêmes nous ont donné de grands concepts. Ils étaient conscients du danger que représentaient leurs idées, mais ils exprimaient très clairement leurs positions. Malgré leurs scrupules spirituels quant à leurs réponses, ils ont tenu bon. Certaines hallucinations prennent beaucoup de temps avant que la société et la technologie ne les transforment en réalité. Dans ce qui est peut-être le sous-produit le plus précieux de leurs efforts pour décliner les enquêtes divines, les simples mortels ont contribué à propulser l'émancipation de la croisade de la classe ouvrière.

En apparence, l'économie classique est confrontée à l'évanouissement de la confiance du public. Les crypto-monnaies paralysent la psyché publique et nous font repenser le circuit monétaire. Le démembrement du commerce et des échanges commerciaux commence à être imprégné d'approches socialement inclusives. L'objectif est désormais d'aider les personnes appauvries à atteindre la stabilité financière nécessaire pour stimuler le cycle de consommation. La redistribution des richesses à l'échelle nationale ou internationale, tout comme les hausses d'impôts pour punir les créatures impitoyables et avides, sont considérées comme des remèdes. De nouvelles rationalisations de l'influence de l'argent et des impulsions des consommateurs sont en train de se développer. Hélas, en réalité, la pensée pure de l'économie politique classique reste la principale contribution à l'enquête sur le monde. Le caractère des hypothèses sociales et de justice du siècle dernier est le même sous la bannière de la mondialisation. Les "talking-tos" les plus admirés, de part et d'autre, ne sont que des bruits. Sans éplucher d'autres couches, on se tromperait certainement en identifiant la folie de la mécanisation comme un péché mortel.

Les schémas de mondialisation révisés ont affaibli les muscles des capitaines d'industrie et ont pluralisé les cercles d'oligarques. Néanmoins, un investissement dans la connaissance et la peine de suivre les changements garantit un rendement plus élevé, mais pas le juste montant. Contrairement à l'ancien type de clients, la confiance des acheteurs varie souvent, et contient souvent des fragments de plus d'une caractéristique. Les nouveaux humains réagissent très différemment à la même chose. La survie de l'entreprise dépend désormais de la constance dans la compréhension, étape par étape, du processus de décision des humains et des animaux.

La préférence, la sagacité et le bon jugement d'une organisation doivent converger pour briser l'indifférence des acheteurs et profiter de la dynamique du commerce et des échanges. Qui est un entrepreneur, ou prend des risques financiers supérieurs à la normale dans une entreprise ? Tous ceux qui ont lié leurs moyens d'engagement, de participation ou d'implication à l'arnaque. Les concepteurs (personnes qui génèrent ou conçoivent des idées ou des plans) et les bailleurs de fonds se sont approprié le titre d'entrepreneur. Ce faisant, ils sont les seuls à récolter tous les bénéfices et récompenses de ce que les chefs d'orchestre, les conservateurs et tous les autres ont semé. Les carafes de l'extrait de la sueur et du dur labeur de tous sont qualifiées de profit. Pourtant, personne ne se lève pour corriger la vile erreur de laisser de côté les autres conspirateurs de l'excédent d'une entreprise.

Chapitre X

Tabula Rasa

"Pour bien faire quelque chose, il faut le faire deux fois. La première fois instruit la seconde."
- Simón José Antonio de la Santísima Trinidad de Bolívar y Palacios

Depuis la nuit des temps, les vendeurs considèrent le romantisme, la détresse, le contexte et la rage comme des facteurs importants dans la conception de leurs pièges. Les hominidés sont toujours comme un chien excité qui remue la queue et attend de courir après la prochaine balle. Existe-t-il encore un humanoïde qui n'a pas envie d'avoir tout de suite ? Qu'il s'agisse de vouloir quelque chose de plus, quelque chose de nouveau, quelque chose de différent, ou peut-être même quelqu'un de différent, la surabondance de biens, de services et de machines alléchants a donné aux êtres humains des prétextes et des moyens d'être vénaux. Si ce n'est le nombre d'alternatives pour satisfaire des envies sévères, il n'y a guère de nouveauté sous le soleil du XXIe siècle. Des gadgets sont utilisés en permanence pour donner un goût, une sensation, un son et une odeur nouveaux à de vieux trucs. Même lorsqu'il y a quelque chose de nouveau, les personnes amoureuses de l'ancien devenu nouveau ne peuvent pas dire que le nouveau est vraiment nouveau.

Chaque apologue populaire a sa sombre réalité. Les civilisations anciennes ont laissé des traces de traditions et de rituels de bizutage qui valident l'universalité de l'évitement de l'incertitude. L'ancien orgueil culturel et les façades pieuses des industriels ont dépeint le capitalisme comme l'apogée de la civilisation et de la perfection sociale. Les argentiers anglais n'avaient aucune classe. Ils étaient obsédés par la création d'explications et de réponses transcendantes aux inégalités de leurs communautés. Leurs versions de la Septante du commerce et des échanges ont progressivement décimé un certain sens commun émergent à leur époque. Ils ont brutalement poussé et enfermé la pauvreté et l'injustice dans une sombre voûte souterraine. Ensuite, ils ont commencé à ériger de superbes édifices pour l'auto-esclavage de la classe moyenne. Le simple fait de prononcer le mot "auto-esclavage" invitait à la polémique.

En ce qui concerne l'humanisation de la phase de travail, quelque chose a dû mal tourner dans les années 80 pour que le premier baron Keynes, CB FBA, soit jeté dans la même ligue de faux prophètes que Karl Marx. Les recommandations à long terme pour les tourments contemporains n'intègrent guère la constance du changement de paradigme. Le déploiement des percées scientifiques a reboosté l'attention des hommes, des femmes et des enfants. L'automatisation a accru la capacité de fabriquer davantage de choses. Les rémunérations du travail et les heures de travail n'ont pas été modifiées sur le plan juridique. Mais les êtres humains s'arrachent les autres et les échangent comme n'importe quelle autre marchandise, plus rapidement que jamais. Les argentiers se tournent vers l'automatisation, qui nous projette dans l'avenir tout en maintenant tout le reste dans le passé. Les grands esprits du passé qui ont formulé des solutions aux maux socio-économiques exigent désormais plus qu'une ou deux générations pour une tendance linéaire. Nous sommes tombés dans le piège de Thomas Malthus. L'essor de la technologie continuera à avoir des conséquences terribles pour le travail tant qu'elle se dissociera des moyens qu'elle génère.

Pour la plupart, le niveau d'interdépendance qu'une société entretient entre ses membres, et la mesure dans laquelle les gens sont contraints de contrôler leurs désirs et leurs impulsions, sont considérés comme des facteurs sans rapport avec l'injustice socio-économique. Dans le même temps, l'affirmation selon laquelle une religion particulière est le seul groupe à posséder des codes de croyance stupides et des rituels anciens a prévalu. On a également le sentiment que les coteries et le théisme redéfinissent constamment et instantanément les couches socioculturelles et les loyautés des seuls pays pauvres. Cela justifie pourquoi le commun des mortels a tendance à agir de manière plus individualiste lors des conflits. Nous ne rejoignons pas l'enthousiasme collectif, sauf si c'est pour ghettoïser le bien-être social. Un prédateur a des préférences. Les loups sont les principaux prédateurs des rongeurs. Les proies proviennent de la prospective de l'indifférence. Les insectes nuisibles sont la proie de toutes sortes de petits oiseaux. En ce qui concerne les humains, les rôles de proie et de prédateur sont fluides. Mais nous sommes tous victimes du sophisme du provincialisme, en portant implicitement des jugements basés sur la familiarité de ce à quoi nous sommes habitués dans notre groupe.

Le colmatage des brèches éthiques, comme nous l'avons fait, ne peut plus durer comme avant. L'incompatibilité est due à l'écart considérable entre les comportements d'aujourd'hui et les déviations florissantes et les règles de rétribution installées il y a plus de deux siècles. Un changement de paradigme ne déclenche pas spontanément l'évolution des mentalités dans le bon sens. Le monde n'a pas encore cessé d'écouter les placiers capitalistes, les lumpen-intellectuels. Nous devrions plutôt prêter attention aux modèles culturels du XXIe siècle, et couronner le dernier changement de paradigme comme étant la manière appropriée de régler les querelles commerciales. Les matérialistes et les relativistes ne devraient pas être les seuls à concéder les changements dans nos existences. L'idiotie des frictions entre bidonvilles, ghettos, shacktown, ratholes et sous-catégories raciales tient au simple fait que les communautés pauvres ont relativement la même odeur dégoûtante et musquée du désespoir. Les riches détiennent une idée d'affirmation, à savoir que la fortune ne s'amasse qu'en faisant souffrir les pauvres. Les pauvres croient que leurs pertes sont directement causées par une nouvelle main frêle qui a accès aux miettes. Comme je l'ai déjà dit, et je vais encore le crier haut et fort : en réalité, il n'en est pas forcément ainsi.

Certaines perceptions sont fondées sur les opinions collectives développées et maintenues au sein d'une société particulière, par opposition à celles qui existent naturellement. Les gens les prennent pour des accords implicites entre les membres d'une société pour coopérer en vue d'avantages sociaux. Une construction sociale d'un groupe spécifique imposée au reste de la société, ou perçue comme inhérente, ne fait rien d'autre que contribuer à la volatilité sociale. La prémisse de la prospérité a mal placé des pièces critiques dans le grand modèle de l'entreprise humaine. La classe ouvrière n'a rien pour briser les chaînes, mais la prudence pour soulager et la folie pour guérir. Je dois admettre qu'un programme mondial de stérilisation des enfants de toute personne atteignant un certain plafond de richesse n'est pas une si mauvaise idée. Une chance serait donnée aux autres de monter dans le wagon du centre unique. Plus que cela, il est temps de mettre en place un système social, commercial et politique original. Celui-ci devrait refléter l'individualisation des interactions ouvertes qui se produisent actuellement dans nos vies quotidiennes. Son ossature ne devrait pas être une pile de moralité, d'éthique et d'arguments de confiance. Tous les humains, à un certain degré (ou lorsque cela leur est favorable), souscrivent à des vues historiques sur l'évolution de la pensée humaine. Pour déterminer si un nouveau concept est adapté au vingt-et-unième siècle, il convient d'examiner la mesure dans laquelle les blocs de résolution des conflits font appel à la raison et à la réalité.

"La compétition est la loi de la jungle, mais la coopération est la loi de la civilisation."
- Pyotr Alexeevich Kropotkin

Les lumpen-intellectuels et les argentiers ont la capacité infinie de tronquer les délires des laissés-pour-compte et les fausses interprétations ridicules des preuves concernant les civilisations passées en une seule dimension, qui est ensuite présentée comme vitale pour la liberté et la prospérité. Leurs fantasmes ne sont pas le fruit d'un confort social précaire, mais plutôt de conspirations. Un sage qui vient avec la sensibilité des expériences humaines réelles ou un certain sens de l'émotion se fait apaiser même si les parallèles entre leur rationnel et le monde réel sont incroyables. Au lieu de cela, une caricature des conduites inadmissibles au bas de la pyramide sociale est finalement tirée de leur mosaïque d'autodérision, et les épisodes psychotiques induits par les argentiers sont placés sur le devant de la scène. Le chemin de la marginalité, de la naïveté du dogme au désenchantement, assure presque inévitablement la rancœur et l'aigreur envers ces humains jugés de rang inférieur.

Lorsque nous nous mettons devant un miroir, nous réduisons l'expression qui est en fait naturellement la nôtre. Nous pratiquons ce que nous pensons devoir donner. L'indolence universelle sert de trampoline aux affirmations des partisans du libre-échange quant à leur triomphe sur la crise financière qu'ils ont provoquée. Les présomptions néoclassiques ressuscitent une fois de plus sans effort le sentiment naïf de la longévité d'un nouveau boom financier. L'hymne au monde unique est exaltant, pour les cavaliers. Le slogan du *non-interventionnisme*, un autre des fruits de la collusion entre les argentiers occidentaux et les lumpen-intellectuels, est encore capable d'extirper certaines des idées séduisantes du marché libre sur la liberté de chacun. En réalité, le lien inutile entre les résidents des nations sophistiquées et arriérées ne fait que creuser le fossé de maturité du commerce et des échanges entre les deux factions. Les bataillons nationaux de chômeurs prêts à l'emploi sont entachés par la disparité de savoir-faire entre les nations riches et les nations en développement. Les républiques pathétiques sont considérées, à mesure que leurs arriérés s'effacent, comme un lot de consolation. Les tyrans subissent des procédures de rhytidectomie pour s'adapter aux nouvelles réalités. L'ingéniosité des travailleurs réarrange les cordons ombilicaux des riches et des travailleurs pauvres.

La substance des réflexions sur le "conmerce" et le commerce du XXIe siècle manque de conventions informatiques appropriées pour déclencher le défi correct aux normes et aux conventions. La revendication post-mortem est scellée dans la bulle académique occidentale du commerce et des échanges. On en a abusé afin de mettre en évidence le contexte social de la partie merdique de l'hémisphère. Soyons sincères : le commerce électronique fonctionne sur le r-commerce. La motivation du profit n'est pas aveugle aux couleurs. Il se soucie de la religion et de la politique. L'économie de la connaissance est présentée comme l'histoire de la compétitivité plutôt que comme une contribution effrénée au progrès social. L'attrait de la reconnaissance est excessivement rationnel. Les êtres humains ne sont rien de plus que des symboles. On peut facilement imaginer qu'après une longue série de désillusions, les gens se mettent à penser de manière moderne, ce qui améliorera leur niveau de subsistance et de confort. La relation transactionnelle entre le maître et l'auto-esclave a, à son tour, embelli l'avilissement psychologique de tous, du milieu au bas de l'échelle humaine. La moquerie de leur travail gonfle la classe des travailleurs pauvres.

Nous avons potentiellement assez de richesses à distribuer. Mais le monde fait une fixation sur les substituts pour les bonnes et les mauvaises raisons, et est inconscient du coût caché du capitalisme et de la naïveté flagrante du communisme. L'hypothèse de la rareté occulte les horribles mélanges de la répartition des richesses tout en occultant la créativité. L'approbation de l'abracadabra de l'investissement et les proliférations excitantes du vaudou financier sont des ruses modernes pour reporter sur les Martiens la responsabilité d'inculquer la raison à l'humanité. Le recrutement de l'idéologie et le soutien populaire reposent davantage sur la coercition psychologique ou les armes que sur la cohérence des opinions. Ceux qui se contentent de voir dans la nouvelle épopée de l'humanité quelque chose à approuver ou à condamner n'ont pas encore vécu le rigmarole de son évolution. En tant qu'espèce, nous régnons en maîtres sur la terre, même si nous faisons preuve d'un manque de sagesse flagrant. L'ère de l'électricité et des faisceaux phosphorescents semble éloignée de l'histoire de nos ancêtres. La tolérance à l'égard de l'injustice sociale et politique, dans sa forme et son usage naturels, est profondément ancrée dans l'obsession de la singularité et de l'exceptionnalité qui imprègne l'histoire humaine. La nature lasses-faire sous-tend des phantasmes bestiaux.

"Je n'ai jamais eu affaire à quelque chose de plus difficile que ma propre âme, qui tantôt m'aide, tantôt s'oppose à moi."
- Abu Hamid Al-Ghazali

Pendant la guerre froide, les expériences poussées de jeunes courageux sur la liberté ont suscité un vif intérêt, sous les auspices et avec l'approbation des pays dirigeants, qui ont ajouté des points de vue provenant de sources idéologiquement contaminées pour favoriser les idées lumineuses. Les anticommunistes, ainsi que leurs rivaux, ont collectivement reconnu le devoir qui leur était imposé de permettre à tous les humains de bénéficier du droit inhérent à la conscience, dans une certaine mesure. Les leaders des blocs ont déchaîné les dragons de Beowulf sur les partisans des autres. Les argentiers et les despotes ont tenté de mécaniser le travail autant que possible pour éviter que la maladie du pauvre ne tue l'enfant du riche. Ce qui est peut-être le plus frappant, c'est que les néolibéralistes devaient vider leur sac d'astuces et de préjugés éculés afin de corriger l'approche asymétrique rationalisant l'expérience humaine. Ils ne l'ont pas fait. Ils sont devenus les protagonistes du césarisme et de l'ineptie qui a rongé les identités nationales.

Les chercheurs typiques lisent l'histoire depuis leur bureau et extrapolent une certaine vérité. D'autres recherchent des expériences humaines réelles en voyageant, et partagent leurs découvertes avec d'autres. Cette dernière option fait une grande différence dans votre valeur par rapport à votre portefeuille, et dans votre capacité à susciter la controverse en ajoutant des perspectives différentes au mélange. Au cours d'un tel voyage, vous vous faites des amis avec lesquels vous vous sentirez plus proches que des membres de votre famille ou des amis d'enfance, car vous êtes liés par des valeurs plutôt que par une émotion. Vous rencontrez des personnalités et des communautés qui sont prises dans l'illusion de l'unicité de leur douleur et de leur joie. Vous serez stupéfait de voir des personnes nager les mains en l'air comme si elles se noyaient, tandis que d'autres, qui ne savent pas nager, sont prêtes à plonger dans une mer sans fond. Parce que la même racine de la compassion est aussi le fondement de la haine, tout le monde pourrait avoir besoin d'aimer moins, de déléguer moins, d'embrasser moins et de chantonner moins afin d'accorder plus d'attention, de faire plus de bien.

Le pessimisme se recroqueville lorsque la compassion n'existe plus dans le concept universel d'être humain. Il m'a fallu beaucoup de temps pour rédiger à nouveau une longue prose sur l'injustice et sur ce qu'il faut faire pour y remédier. La conviction que cet exercice serait soit un acte sans intérêt, soit perçu comme une complainte égoïste, m'a paralysé. Les mouvements prônant de meilleurs salaires et une réduction du temps de travail ont créé l'avant-garde du combat des travailleurs pauvres pour leur émancipation. Nous tombons constamment amoureux de personnalités flamboyantes de chercheurs dont les idées sont bloquées dans le passé, n'ont qu'une légère nuance du présent et projettent avec certitude les probabilités futures. Celles-ci reflètent des aspects de l'identité du capitalisme plutôt que des caractéristiques étrangères au dispositif d'exploitation lui-même. Nous devons tous accepter l'idée que la permanence d'un désordre est due en partie à l'activisme passif d'une minorité, balayé par le passivisme actif de la majorité. Les argentiers ne sont pas capables d'un acte de compassion.

Face au dilettantisme du grand public en matière d'économie politique et à la panoplie de gadgets de luxe permettant d'économiser de la main-d'œuvre, l'auto-esclavage semble moins dégradant et moins angoissant. Les argentiers ont persuadé une partie considérable des masses, notamment dans les pays en développement, qu'un mélange de libéralisation du commerce et des investissements étrangers, de relâchement du contrôle de l'État et d'investissements dans les machines de fabrication est le moteur du boom économique. Presser les embarras sociaux des travailleurs pauvres comme un citron pour en extraire la vraie question est considéré comme une tâche vaine. La folie des grandeurs des dictateurs et des magnats, qui n'est pas différenciable de la cupidité irréfléchie des argentiers, était sans aucun doute essentielle pour la sophistication des moyens de participation, d'engagement ou d'implication de la classe ouvrière dans une entreprise. Une classe de travailleurs pauvres est une nécessité historique, pour transformer organiquement leurs nouvelles attitudes et désirs bourgeonnants en fossoyeurs du capitalisme.

"La vérité ne naît dans ce monde qu'avec des douleurs et des tribulations, et toute vérité nouvelle est reçue à contrecœur."
- Alfred Russel Wallace

Nous avons depuis longtemps décrypté pourquoi les gens cherchent la délivrance dans des endroits vraiment sombres, en utilisant des feux d'artifice. Les récits peu réfléchis d'une insurrection du socialisme, du communisme, du fascisme et de l'anarchisme ont trouvé un écho auprès des adolescents du vingtième siècle. L'effondrement total de l'espoir dans la vision dialectique de la transformation sociale du marxisme a revigoré le fanatisme religieux qui, au XXIe siècle, pousse dans le précipice ces morveux en quête d'accomplissement personnel dans une plateforme alternative. Au lieu d'essayer de rentrer dans la boîte du connu, nous aurions dû élaborer une vision du monde sociale, commerciale et politique plus complète et dynamique, adaptée à la réalité du XXIe siècle. Hélas, l'ego brouille la créativité. L'universalité de la poursuite pour devenir surhumain surpasse toutes les autres folies. L'appétit d'être sans contexte exacerbe le fléau de l'obésité de l'information. Coincés entre le passé et le futur, nous sommes à la limite de la compréhension de l'utilité d'être humain.

La manipulation cognitive et le remodelage de la perception ont trompé l'attente scientifique collective et rendu la réalité progressivement non pertinente. Des groupes de chercheurs zélés ont éliminé la complexité du comportement humain et l'incertitude entourant les questions d'injustice financière, de préférence et d'indifférence, ainsi que le filet de sécurité sociale, pour n'en citer que quelques-unes. Le dogmatisme rétrécit l'approche des enquêtes et génère un gouffre dans l'enseignement qui favorise une malhonnêteté sophistiquée des revendications de la connaissance. Les caractéristiques nauséabondes de notre monde sont sa foi obsessionnelle dans la signification statistique pour évaluer l'équilibre entre les coûts et les bénéfices de la bonne volonté, et le consensus selon lequel les questions centrales de l'existence humaine ne peuvent trouver de réponse que numérique. D'une certaine manière, il n'y a qu'un espace pour Wakaranai ou Gembutsu.

Les théories ne mettent pas l'accent sur la mécanique de certains aspects du monde. De même, la surveillance de l'esprit d'un individu qui tente de satisfaire les nécessités du corps ou les commodités de l'esprit offre des conclusions différentes. Le plus fondamental des besoins primaires des économistes néoclassiques est la capacité d'étourdir et d'influencer le public avec des hypothèses incohérentes. Les tentatives visant à clarifier et à déterminer les propriétés et les conséquences de la suprématie des argentiers sur les autres acteurs du commerce et des échanges en se concentrant sur des concepts tels que la pauvreté et la répartition des richesses n'ont fait que brouiller la question de l'injustice sociale. Pourquoi les gens, à notre époque, croient-ils perversement que les injustices socio-économiques sont un phénomène naturel de la vie ?

Bien que l'accumulation de monnaie et les infrastructures soient essentielles, l'augmentation de la productivité est la clé pour stimuler les investissements directs étrangers et les relier aux marchés internationaux. Le danger de la mentalité néoclassique réside dans le fait de décrire la productivité comme l'efficacité puis le profit. La créativité des entreprises est le fer de lance de la productivité au rythme auquel nous nous sommes habitués. Pour éviter les conflits entre les ambitions des marchands traditionnels et les objectifs des clients, qui ont donné naissance au capitalisme, l'innocence a donné du crédit à des constructions sociales contre nature. Des fanatiques intransigeants ont dépossédé les dissidents de leurs maisons, forcé certains à s'exiler et tué d'autres sous prétexte qu'ils étaient maudits. Pour les adeptes du dogme, l'échange de coups et de vitriol vaut mieux que l'ostracisme pédagogique.

L'économie néoclassique est la tige des lumpen-intellectuels obtus qui s'obstinent à sauvegarder le tourbillon des sophismes pour maintenir les masses dans une sphère macabre de confusion. Un corpus juridique national reflète les préjugés et la méfiance de ses citoyens à une époque donnée. Faire ce qu'il faut, dans une perspective utopique, n'a pas encore été fait de la bonne manière, et pour les bonnes raisons. Alors que certains exprimaient la colère populaire contre le marché libre, les modèles collectivistes étaient souvent utilisés de manière préventive. Les non-croyants à l'idée que les sciences dures sont synonymes de mathématiques ne sont pas reconnus, et on leur refuse le droit de se rendre utiles aux acteurs sociaux. Mais ce n'est pas la peur de mettre en péril de nombreuses choses dans la culture mondiale qui nous empêche de faire les bonnes choses. Faute de raison et de possibilité de changement, l'humanité s'en tient à ce qui est conventionnel pour les sophismes, même s'ils sont vieux de plusieurs centaines d'années et ont un lien intérieur plus fort avec nous que les faits qui marchent à nos côtés. À un certain moment du vingtième siècle, nous avons abandonné la tradition d'expérimenter une nouvelle réalité. J'ai l'intention de la renouveler tout en gardant à l'esprit qu'une base morale n'est pas suffisante pour distiller les injustices sociales, commerciales et politiques, ou pour faire tomber les vieux systèmes de racket du capitalisme.

Le commerce et les échanges ont toujours consisté à tirer parti d'éléments essentiels ou de caprices. Aujourd'hui, les entreprises se surpassent pour transformer une envie en un besoin en concevant et en ajoutant des fonctionnalités aux produits ou aux services. L'objectif reste le même : le gain monétaire. Aujourd'hui, une entreprise qui se contente de fonctionner comme une exploitation devient une façon dépassée de gagner de l'argent. De nouvelles rationalisations des influences de l'argent et des impulsions de l'acheteur sont en train de naître. Les entreprises s'imbriquent au-delà des visions et des passions pour faire le gros lot rapidement. Les concepts d'idées disruptives surfent sur la vague de révélation artistique et scientifique créée par les chocs technologiques, pour former des arcades parfaites. Les hauts responsables d'une organisation qui utilisent le chat en neuf ou jouent à des jeux d'esprit pour gonfler les excédents monétaires et sociaux ne sont plus considérés comme socialement, culturellement ou moralement avant-gardistes. Chaque membre d'une entreprise est un entrepreneur à sa manière. Les directeurs de production sont des chefs d'orchestre des moyens d'engagement individuels. Dans le secteur des services, les fonctions des chefs d'entreprise sont des conservateurs de la convergence des individus comme moyen de participation. Le commerce actuel et les points de suture des échanges entre vendeurs et acheteurs commencent à être imprégnés d'inclusion sociale. Cela pourrait potentiellement mettre fin, à temps, à la dépréciation du terme "collaboration". Ce faisant, elle génèrera un écosystème social et politique approprié pour le XXIe siècle.

"A mon avis, nous devrions chercher une machine volante complètement différente, basée sur d'autres principes de vol."
- Henri Marie Coandă

Dès leur naissance, deux grands félins ont été trimballés de ville en ville. Comme leurs ancêtres de l'industrie du cirque, ils étaient battus jusqu'à ce que l'agonie perturbe leurs instincts primitifs. Ils étaient forcés de manger, boire, dormir, déféquer et uriner dans une minuscule cage. Le seul soulagement de leur emprisonnement et de la cruauté de leurs maîtres était leur spectacle devant des foules déchaînées. Ils sont tombés amoureux dans ces circonstances horribles. Peu après, ils sont devenus les fiers parents de jumeaux, une fille et un garçon. Chaque nuit, le couple se demandait comment il pourrait changer le destin de leurs enfants. Les parents dévoués ont économisé chaque morceau de viande qu'ils pouvaient. Avant d'avoir à peine eu la chance de connaître leurs enfants, ils les ont envoyés dans un pensionnat de cirque. On attendait d'eux non seulement qu'ils aillent au collège du cirque, mais qu'ils soient admis dans un établissement prestigieux grâce à une bourse massive. Et c'est ce qu'ils ont fait. Quand vous êtes un étudiant de première génération, vos espoirs et vos rêves peuvent vous brûler les yeux. Il y avait de la pression. Ils avaient été élevés dans la croyance que l'éducation supérieure mènerait finalement à plus que la capacité de se promener librement et d'avoir de la nourriture et de l'eau propres. Ils ont mis quatre ans à acquérir et à posséder les moyens de participer, de s'engager ou de s'impliquer dans un spectacle de cirque.

Après avoir obtenu leur diplôme avec mention, ils ont trouvé la réalité de la vie post-universitaire bien sombre. La seule option qui s'offrait à eux était des emplois offrant moins d'humiliations publiques et de fouets par rapport à leurs parents analphabètes. Mais le salaire restait à peu près le même. Le cirque est passé de quelques cerceaux de feu à des routines plus fascinantes et sophistiquées. Les pratiques de rémunération et les injustices de cette industrie étaient toujours une honte pour toutes les espèces. Nous avons besoin d'alternatives pour éviter que les lions diplômés déçoivent davantage ceux qui n'ont pas les moyens de s'offrir un enseignement supérieur. Tout comme les maîtres et les manipulateurs de cirque, ils méritent eux aussi leur part du lion.

Il s'agit surtout d'un collage de moyens individuels pour des gains financiers, comme l'étaient les équipages de pirates. Au cours de l'"âge d'or de la piraterie", chaque membre de l'équipage d'un navire pirate - meurtriers, malfrats et voleurs - avait un rôle et des fonctions déterminés en fonction de ses connaissances et de son savoir-faire. Ils disposaient de codes astucieux pour répartir équitablement les biens et les trésors acquis entre les membres de l'équipage. Le revenu d'un pirate était lié au butin que la bande pillait. Les bandits du bateau pirate Bartholomew Roberts savaient tous que "le capitaine et le quartier-maître recevront chacun deux parts d'un prix, le maître artilleur et le maître d'équipage, une part et demie, tous les autres officiers une part et un quart, et les gentlemen privés de fortune une part chacun". Les mouvements, les mentalités et les attitudes qui s'opposent au capitalisme devraient mettre l'accent sur les procédures de rationalisation plutôt que sur les conséquences réelles de son utilisation pour l'allocation du surplus monétaire des entreprises.

Notre penchant à tergiverser sur une nouvelle tentative de rupture de contrat psychologique comporte trois couches. Il existe de nombreuses façons d'expliquer ou de sculpter une histoire socio-économique. Le style typique est le cadre du paradigme néolibéral, qui décrit comment la prévoyance des financiers et les muscles du travail sont combinés pour générer du profit. Cette simplicité rationnelle a un air de méthodologie bien développée. Les nouveaux chercheurs de vérité sont confrontés à d'épineux problèmes théoriques qui découlent principalement de nouveaux facteurs sociaux qui tendent à fausser la différence entre les besoins et les désirs. Dans le même temps, les lumpen-intellectuels aident et encouragent les argentiers à peaufiner le sophisme de la gratuité, pour en finir avec tous les pouvoirs des pauvres. Les tentatives d'imposer un substitut aux anciens liens sociaux, commerciaux et politiques seront toujours vouées à l'échec : nos rêves collectifs ont été monétisés. Nous sommes plus ou moins préoccupés par le cruel projet de transformer le travail forcé en vache à lait jusqu'à ce que nous soyons enchaînés. Quiconque s'adonne à la collecte de données sur la conscience comme principale méthode pour démystifier les expériences humaines ou mettre en évidence les nuances des inégalités socio-économiques, court le risque d'un blocage psychologique tendu. Le risque en vaut la peine.

La propagande des prolétaires doit toucher à la division du lot des fondements philosophiques, qui sont d'une grande importance pour la rationalisation des injustices sociales, commerciales et politiques. Après tout, une entreprise n'est pas comme un commerce avec des aspirations d'ouvrier crématoire. Les ruses utilisées pour piéger l'enthousiasme changent continuellement à travers le temps. D'où la force, nous devrions continuellement la revoir comme le découpage de l'excédent monétaire. La Richesse des nations, l'opus magnum d'Adam Smith, a le mérite d'avoir placé la barre analytique plus haut que les solons du mercantilisme. Admettons ce mensonge. Ce livre était une autopsie de la nature et des causes de la richesse des individus et des nations à son époque. L'interaction constante entre l'esprit des êtres vivants et les facteurs contextuels a fait du savoir-faire une forme alternative de monnaie que nous manœuvrons. Il ne pèse ni plus ni moins que l'argent dans la métrique utilisée pour s'évaluer mutuellement.

"Un objet intentionnel est donné par un mot ou une phrase qui donne une description sous laquelle."
- Gertrude Elizabeth Margaret Anscombe FBA

La création et la distribution de la richesse sont les deux vieilles énigmes qui ne cessent de remodeler la morale de l'humanité. La création de richesses est devenue moins gênante ; nous l'avons démystifiée au cours des différentes vagues de la révolution industrielle et managériale. Les innovations technologiques activées par une cupidité inextinguible ont rendu les cols bleus excessivement productifs et généré des fortunes absurdes. Le paradoxe attendu est que le fossé socio-économique entre les riches et les pauvres s'est énormément élargi.

Avant de s'attaquer à l'éthosisme, il faut admettre que, pour les entreprises, les surplus monétaires et sociaux doivent valoir le risque que représentent les maux de tête de la vente et du marketing. Tout agent est engagé, participant ou impliqué dans la manipulation des acheteurs. L'existence de la sacro-sainte dualité naturelle entre les travailleurs, les propriétaires fonciers et les argentiers, ou une rétribution nominale pondérée de l'une ou l'autre partie, n'a aucun sens. Ils devraient tous recevoir une part du gain ou de la perte de la manipulation sur la base d'un pourcentage. Il y a aussi autre chose. Il y a une similitude notable entre la façon dont une société, une nation ou un empire se forme, et le processus de formation d'un diamant. Un diamant nécessite de nombreuses pressions, des températures élevées et d'autres conditions dans le manteau terrestre afin de se cristalliser. Puis la Terre le rejette par le biais d'éruptions volcaniques. Les diamants bruts ne ressemblent à rien d'autre qu'à n'importe quelle roche bizarre. La beauté hypnotique d'un diamant n'émerge qu'après un processus compliqué consistant à frapper la roche aux bons endroits et aux bons angles.

Qu'est-ce que l'argent ? L'argent a éliminé la double coïncidence des besoins. La densité et la vélocité des transactions du XXIe siècle ont ôté à la monnaie sa validité de moyen d'échange. L'argent, sous toutes ses formes et expressions, a cessé depuis longtemps d'être le pont entre les marchandises. Elle est aujourd'hui l'évaluation nominale de la contribution de l'énergie aux besoins de l'humanité ou à l'ingénierie des besoins des humains. Cette évaluation est fortement tributaire de biais sociaux et de sophismes édifiants.

De nos jours, plus que jamais, nous avons des entreprises au lieu d'activités commerciales. L'objectif d'une entreprise, de la forme la plus primitive à la plus sophistiquée, est de briser l'indifférence des acheteurs en utilisant des tactiques passives ou agressives plutôt que de fournir un service et/ou un produit. Le contrôle du surplus monétaire par les argentiers et l'inadéquation philosophique des dogmes dominants de la justice distributive est une de mes grandes préoccupations et, je suppose, la vôtre également. L'éthosisme est fondé sur la notion que, grâce à la formation et à l'éducation du XXIe siècle, on acquiert les capacités physiques et mentales de la participation, de l'engagement ou de l'implication dans une entreprise qui sont aussi bonnes que l'argent ancien. Par conséquent, la rétribution doit refléter le changement de paradigme de la création de richesse au XXIe siècle.

Ici, je vais le répéter : le capital est ce moyen qui est consacré à l'obtention de plus de moyens par l'interaction avec les autres. Le travail n'est pas la seule source de tout surplus. L'argent ne l'est pas non plus. Désormais, la distribution du surplus monétaire doit se faire de chacun selon ses moyens, et non à chacun selon ses besoins. L'éthosisme oblige à valoriser les moyens d'engagement, de participation ou d'implication utilisés ou intégrés dans une entreprise pour générer un surplus social ou monétaire.

Dans un surplus social, il y a toujours une pièce monétaire. La valorisation attache un prix à un service ou à un produit et lorsqu'il y a plus d'un acteur impliqué dans la mission de briser l'indifférence des chalands, d'attribuer un pourcentage du "butin" à chacun. Toute forme de rétribution devrait être négociée et il devrait être établi un terme de pourcentage fixe du surplus monétaire. Cependant, des lignes de démarcation devraient être tracées entre les industries en termes de revenus, de profits et de recherche de salaires. Il devrait être interdit à une entreprise d'exercer des activités dans plus d'un écosystème de commerce et d'échange.

Les boussoles ne sont utiles qu'à partir du moment où l'on choisit une destination fixe. L'éthosisme est une raison et un mécanisme appropriés pour modifier la définition de l'humanité en vue de rendre le monde meilleur. Ce système d'exploitation rend plus difficile l'ascension dans la stratosphère des milliardaires, et en même temps, il rend durables les symbioses des algorithmes sociaux, commerciaux et politiques. La tâche la plus difficile pour un restaurant est de convaincre les gens d'entrer et de s'asseoir.

"Alors je parlerai aux cendres."
- Sojourner Truth

La majeure partie de notre processeur multidimensionnel, notre cerveau, a besoin de plus qu'un apprentissage pour être une menace pour l'illusion de la conscience et la présomption de la connaissance. Les utopistes s'effondrent sous la pression de l'édition sans fin, de l'atténuation et du remodelage partiel nécessaires à la fabrication d'une aura aimable autour de leurs affiches pour attirer l'attention. Les dissidents chevronnés sont immunisés contre le blocage philosophique en dilatant et en humanisant impénitemment le caractère distinctif de leur ton. En réajustant la partie inconsciente du cerveau, on peut facilement être inconscient de vivre dans une période extraordinaire. La vision héliocentrique du commerce et des échanges, et de la façon dont le travail tourne autour de l'argent, est rejetée. Le changement d'avis des réductionnistes sur l'état de notre conscience collective n'est pas l'admission de défauts dans l'esprit humain. Les êtres humains sont plus que des neurones réagissant à des nutriments. L'impact d'Internet est exagéré. L'écosystème est finement ajusté, pour soutenir notre existence ou nous étouffer tous. Les argentiers ont compris depuis longtemps notre conscience collective, cette autonomie et cette complexité. Il faut être attentif pour capter les vagues qui signalent un changement de paradigme.

Des scientifiques fous s'efforcent de se rapprocher du faisceau de lumière, de la fusion carbone-silicium, un être à la fois mécanique et biologique. Serait-ce la stagnation ou l'ennui de vivre sans envisager de nouvelles pensées ou perspectives, ce qui nous dissuaderait d'être immortels ? Ou bien, l'idée du sexe perpétuel ou du pauvre immortel est-elle si grande que l'immortalité en vaille la peine ? La science, la technologie, l'ingénierie et les mathématiques sont apparues comme des rouages essentiels de la prospérité nationale et mondiale. Un principe populaire veut que des procédures équitables soient la meilleure garantie de résultats équitables. Désolé, c'est un mythe. L'ironie cubaine démontre que malgré des dépenses massives en matière d'éducation et d'infrastructures, la production de biens et de services par unité d'investissement est restée stable, voire a diminué. Et beaucoup de gens ignorent que le monde universitaire n'a pas été capable de réunir un consensus sur sa définition, ni d'articuler ses utilisations. Les économistes n'admettront jamais leur manque de pertinence par rapport au progrès humain et à la poursuite de l'égalité socio-économique.

La démocratie est une façon archaïque d'acheter des idées. Lorsqu'une société rencontre une institution financière, pourquoi son état politique et social se détériore-t-il ? Il s'agit d'une série d'erreurs attribuables aux limites du modèle mathématique actuel, qui nécessite un objectif plus large, une approche plus intégrative. Les nations devraient explorer les conflits sociaux non exprimés au sein de leur société : déterrer leurs maux, réintégrer la sympathie et la raison, et considérer l'ensemble de l'arc. Jauger quoi que ce soit sans admettre la subjectivité revient à dissimuler la malléabilité de la mesure. Le manque de profondeur et de diversité sont les boucs émissaires lorsque l'uniformité est à l'ordre du jour. Nous devrions mettre en œuvre le progrès technologique sur le marché des idées. Que diriez-vous d'introduire individuellement une liste de préoccupations qui sont regroupées en tant qu'aspirations publiques et de les faire correspondre statiquement aux engagements des candidats ? Il s'agit d'une idéologie.

L'art répond, la science résout. Le mépris de l'art ou de la science pour les réalités concrètes représente un énorme danger pour l'humanité et mérite amplement la peine capitale ou la mort. L'économie est une arme mortelle dont abusent les lumpen-intellectuels et les experts politiques pour aider les riches chaque fois qu'ils sont pris le pantalon baissé. Il y a beaucoup de pression sur les sages pour vendre l'optimisme capitaliste. L'économie en tant que branche de la connaissance fait plus de mal que de bien à l'humanité. Je suis pour le démantèlement de cet instrument et de cette science dépassés. La responsabilité d'établir les conditions nécessaires à la réalisation de cette fin ne peut être confiée au monde universitaire. Ce serait comme demander à un abbé débauché d'exorciser Lucifer. Leurs recommandations les plus célèbres sont pour le moins perverses et grotesques. L'erreur d'Ignaz Semmelweis a été de vouloir convaincre les coupables et les prestataires de soins au lieu d'alerter les victimes et les victimes potentielles. Il ne se voyait pas avouer ou dénoncer ses frères. Sojourner a porté son combat devant les publics les plus hostiles. Le démantèlement de l'économie mérite plus qu'une réflexion en passant, car elle fait plus de mal que de bien à l'humanité. Nous devrions la remplacer par un raffinement quantique de l'économie. Cette tâche requiert de l'attention, car la forme des collaborations et des manipulations linéaires humaines et la ruche de la misère ne sont pas directement justifiables par les modèles dépassés !!!

Chapitre XI

Diamant taille parfaite

"En théorie économique, les conclusions sont parfois moins intéressantes que les voies par lesquelles on y parvient."
- Piero Sraffa

Suivant l'exemple d'Alfred Marshall, les marginalistes ont écarté le concept d'utilité et ont inventé leurs hypothèses pour rationaliser l'écart ou la raison pour laquelle le prix des diamants est plus élevé que celui de l'eau. Les interprétations marginalistes anglaises sont depuis devenues une partie intégrante de la théorie économique dominante. Aujourd'hui, le succès des entreprises repose fondamentalement sur la participation ou l'engagement d'agents sous forme de travail, de concepts ou d'argent. Les créateurs et les chefs d'entreprise du XXIe siècle évitent ingénument le piège des brevets et des fonds de démarrage qui a conduit les génies du passé à la tombe sans le sou. S'il est difficile de ne pas reconnaître aux profiteurs et aux bolcheviks le mérite d'avoir sorti l'humanité de l'âge des ténèbres, la plupart des observateurs peuvent clairement reconnaître que leur insatiabilité et leur cran ont fait grossir le gâteau du commerce et des échanges, la classe des travailleurs pauvres, les combines financières criminelles et les conflits sociaux.

Un diamant est très résistant à la taille, sauf si vous le frappez sous le bon angle. Autrefois, les tailleurs de pierres précieuses n'avaient que leur instinct pour gratter les diamants bruts et en extraire la splendeur. À l'insu de la plupart d'entre eux, une symétrie optique exceptionnelle au sein d'un diamant faite de motifs contrastés, la scintillation, est nécessaire pour produire un équilibre virtuel entre brillance et dispersion. La combinaison correcte de fenêtres et de miroirs fait passer un diamant d'une pierre sans prétention à l'envie du monde. Au début du XXe siècle, Marcel Tolkowsky a déterminé le nombre et la disposition spécifiques des facettes pour construire le système parfait d'interfaces et de redirections : la taille idéale. Aucun hommage n'est rendu à la règle non écrite d'Henry Morse, qui avait vu juste 40 ans plus tôt. C'est une affaire de hasard.

Les graphiques peuvent résumer beaucoup d'informations en une seule image. Dans ce que je considère comme mon opus magnum, Cast Away ; pour ces raisons, j'ai ajouté des graphiques à la fin du livre pour transmettre des informations essentielles sur le concept d'éthosisme en moins d'espace. De nombreux lecteurs n'ont pas trouvé ma décision juste. Je n'ai pas mis en place des scénarios pour que les lecteurs soient désorientés. Tout se résume au parallèle entre les processus de fixation des prix des biens et services et le secret de la brillance d'un diamant. Le capitalisme est la combinaison de la meilleure des fenêtres et du pire des miroirs. Le communisme, le socialisme et l'anarchisme sont la meilleure combinaison des meilleurs miroirs et des pires fenêtres. Les alternatives ont tenu des combinaisons de tous les défauts, ou une agrégation de confusions. Et un régime autoritaire gâche la scintillation de son commerce national et de ses échanges.

"Je commence un tableau et je le termine."
- Jean-Michel Basquiat

Fenêtres : Les entreprises génératrices de revenus consistent à fabriquer un objet, dans sa forme la plus simpliste. Il s'agit d'activités qui aboutissent à un produit. Le revenu est dérivé d'un prix juste ou du coût de l'extraction et/ou de la modification d'un ou de plusieurs objets avec l'engagement actif de travailleurs, avec l'engagement passif ou actif de financiers, et avec l'engagement passif ou actif de propriétaires fonciers pour donner vie à des idées passives ou actives. La rémunération de toutes les parties engagées devrait être un pourcentage du revenu.

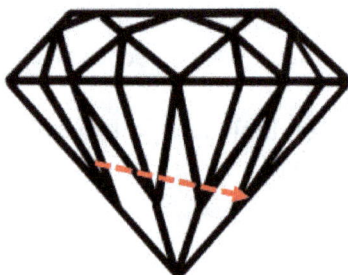

Miroirs : Les entreprises à la tête d'un surplus évoluent autour de stratégies créatives pour la vente d'un objet ou d'un service, ou l'entretien ou la livraison d'un objet ou d'un service. Un surplus est dérivé d'un prix de marché fluctuant (rebondissant du juste prix jusqu'au prix naturel) de la vente aux enchères d'un ou plusieurs produits sans en altérer la substance avec la participation active des travailleurs, et avec la participation passive ou active des financiers et la participation passive ou active des propriétaires fonciers pour atteindre les objectifs des conducteurs passifs ou actifs. La rémunération de toutes les parties participantes devrait être un pourcentage du surplus.

Scintillations : Les services publics et les organismes de bienfaisance génèrent un fonds (par exemple, les impôts) ou des dons (par exemple, la charité) directement à partir de la participation active des travailleurs et de la participation passive ou active des conservateurs pour donner vie à une ou plusieurs initiatives de sociétés passives ou actives. Dans le secteur public, l'objectif n'est pas de générer un surplus pour l'une ou l'autre des parties impliquées dans cette entreprise, mais plutôt pour les programmes de bien-être du grand public. Par conséquent, la rémunération de toutes les parties impliquées devrait être un salaire fixe.

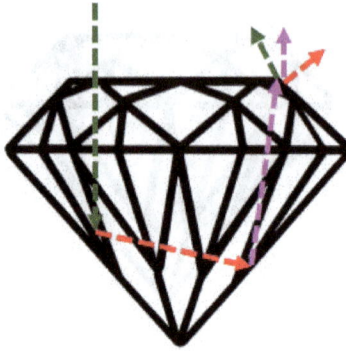

Les lois antitrust devraient restreindre les activités des entreprises soit (1) aux revenus, soit (2) aux profits, soit (3) au non-profit. Que vous me considériez comme un affront aux marginalistes ou comme un témoignage des pensées positives classiques de l'économie politique, la vitalité en dit plus long sur vous que sur ma santé mentale.

Le spectre du profit

"Je ne demande aucune faveur pour mon genre. Je ne renonce pas à notre droit à l'égalité. Tout ce que je demande à nos frères, c'est qu'ils enlèvent leurs pieds de notre cou et qu'ils nous permettent de nous tenir debout sur le terrain que Dieu nous a destiné à occuper.
"

- Sarah Moore Grimké

Mama Vincent, Vincent, et moi

www.ingramcontent.com/pod-product-compliance
Lightning Source LLC
Chambersburg PA
CBHW071352280326
41927CB00041B/2882